U0725186

带团队一定要会心理学②

发掘新生代员工的内驱力

周剑熙◎著

人民邮电出版社
北京

图书在版编目（CIP）数据

带团队一定要会心理学. 2，发掘新生代员工的内驱力 / 周剑熙著. -- 北京 : 人民邮电出版社，2021.5
ISBN 978-7-115-55768-1

Ⅰ. ①带… Ⅱ. ①周… Ⅲ. ①企业管理—管理心理学 Ⅳ. ①F272-05

中国版本图书馆CIP数据核字(2020)第266587号

内 容 提 要

本书是《带团队一定要会心理学》的姊妹篇，针对新生代员工表面上服从管理，实际上工作没有干劲、效率低的问题，从了解员工行为背后的心理动机开始，详细介绍如何通过重构团队的行为准则引导员工积极改变、通过双向沟通让员工主动思考和行动、通过授权赋予员工参与感和成就感、通过激励强化员工内驱力、通过回顾让员工看到成长，从而帮助团队管理者带出更高效的团队。

◆ 著　　　　周剑熙
　责任编辑　周　璇
　责任印制　陈　犇
◆ 人民邮电出版社出版发行　　北京市丰台区成寿寺路 11 号
　邮编　100164　　电子邮件　315@ptpress.com.cn
　网址　https://www.ptpress.com.cn
　北京捷迅佳彩印刷有限公司印刷
◆ 开本：880×1230　1/32
　印张：7.5　　　　2021 年 5 月第 1 版
　字数：169 千字　　2024 年 11 月北京第 4 次印刷

定价：49.80 元

读者服务热线：(010)53913866　印装质量热线：(010)81055316
反盗版热线：(010)81055315
广告经营许可证：京东市监广登字 20170147 号

如何使用本书

本书的创作旨在为读者解决新生代员工管理问题。 为了提高阅读效率， 我们建议您重点关注以下阅读工具。

1. 思维导图

我们为您做了 4 个思维导图， 作为辅助阅读工具， 可以帮助您更系统、 深入、 快速地了解以下内容。

新生代员工的特点和需求；

传统管理模式的问题；

传统管理模式和新生代员工之间的矛盾点；

新生代团队管理模式的变革和趋势。

2. 问题导入

书中每一节都有一个故事情境导入关键问题， 可以快速帮您锁定本节要解决的关键问题。 建议您在阅读的同时， 反思自身管理中的问题和困难， 有针对性地寻找解决办法。

3. 举一反三

书中提供的团队管理技巧仅是抛砖引玉， 如果恰好可以直接解决您的实际问题， 不胜惊喜。 同时， 我们深知一万个团队有一万种现实问题， 能够真正有效解决自己团队问题的办法只有一个： 举一反三。 您可在对书中提供的技巧、 方法深入领悟基础上， 根据自己团队的实际情况进行演绎、 践行， 相信您必有收获。

人物介绍

章小万

女，1991 年出生，一路从“销售菜鸟”成长为“销售教练”

性格活泼开朗，善于处理人际关系。在工作中，她适应能力极强，做事积极主动，善于规划，有很强的事业心和责任心。

申总

男，“70后”，销售副总

性格随和，和下属关系很好，工作中精明能干，具有很强的创造力，善于授权，能够给予员工充分的支持和帮助。

周总

男，“80后”，销售经理

性格稳重，为人有点儿固执，对自己和下属的要求都比较严格，做事严谨、雷厉风行，是个工作狂。

小鑫

男，1993年出生，章小万的同事

小维

女，1992年出生，章小万的同事

小旭

男，1996年出生，章小万的下属

小睿

女，1997年出生，章小万的下属

CONTENTS **目录**

第3章 沟通心理学：建立双向对话，激发员工主动思考 075

第4章 授权心理学：赋予员工参与感和成就感 113

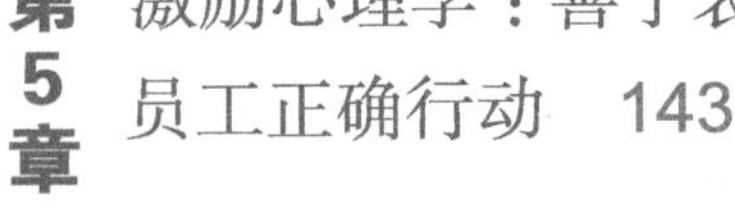

第5章 激励心理学：善于表扬，引导员工正确行动 143

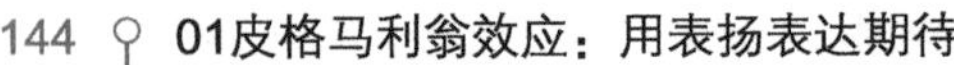

第1章

团队行为心理学：员工行为与心理动机

你可能没有办法改变员工的态度和性格，但是你可以通过激发员工的心理动机，引导他们改进行为。

01 新生代员工的行为动机

章小万在网上看到一条新闻“95后毕业生求职的时候，不问工资，关心有无健身房、下午茶”，并分享给小鑫。小鑫笑着说：“别说95后了，我这个93后也很想享用健身房、下午茶啊！少给我一点儿工资我都愿意。”

行为动机是人们的行为意愿，是指行为主体为实现一定的目标（即满足某种需求）所表现出来的主观愿望和意图。简单来说，行为动机是行为活动的一种内部动力。这种内部动力具有以下4种功能。

第一，激发功能。人的各种各样的行为都是由动机引发的，不存在没有动机的行为。例如，员工希望自己能够拿到丰厚的年终奖，在这种动力的驱动下，他们产生相应的行为，如努力工作。

第二，导向功能。动机不仅能激发并引起行为，还能将个体的行为引向具体的目标或对象，使个体的行为朝着特定的方向前进。例如，员工想获得成就，他就会主动选择具有挑战性的工作；如果员工想获得权力，他就会试图影响或管理他人。

第三，维持功能。动机引起某种行为并将其导向特定的目标后，

思维导图

新生代员工的特点和需求

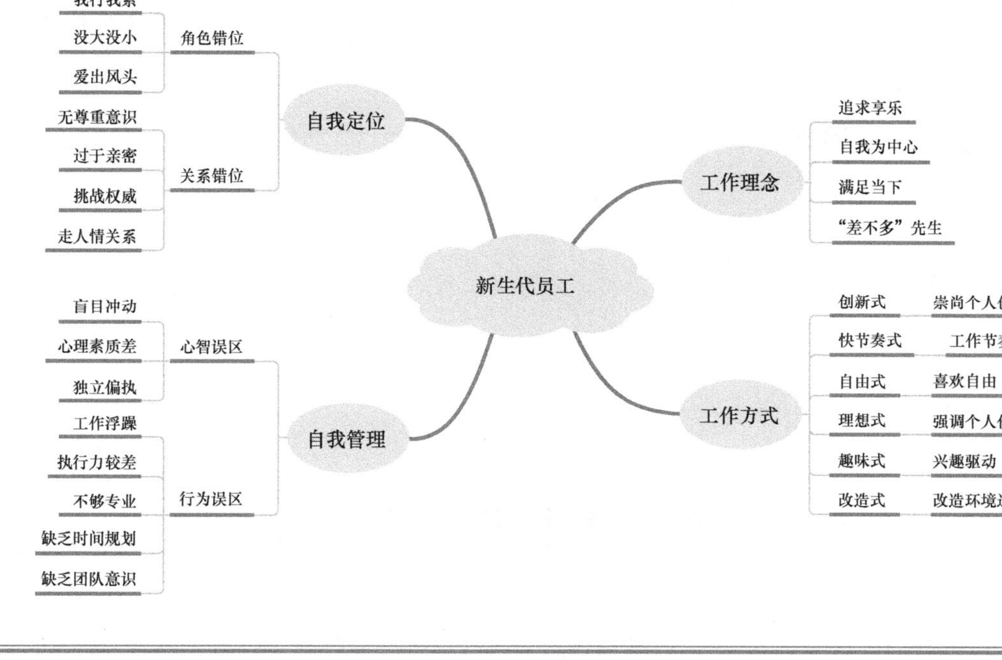

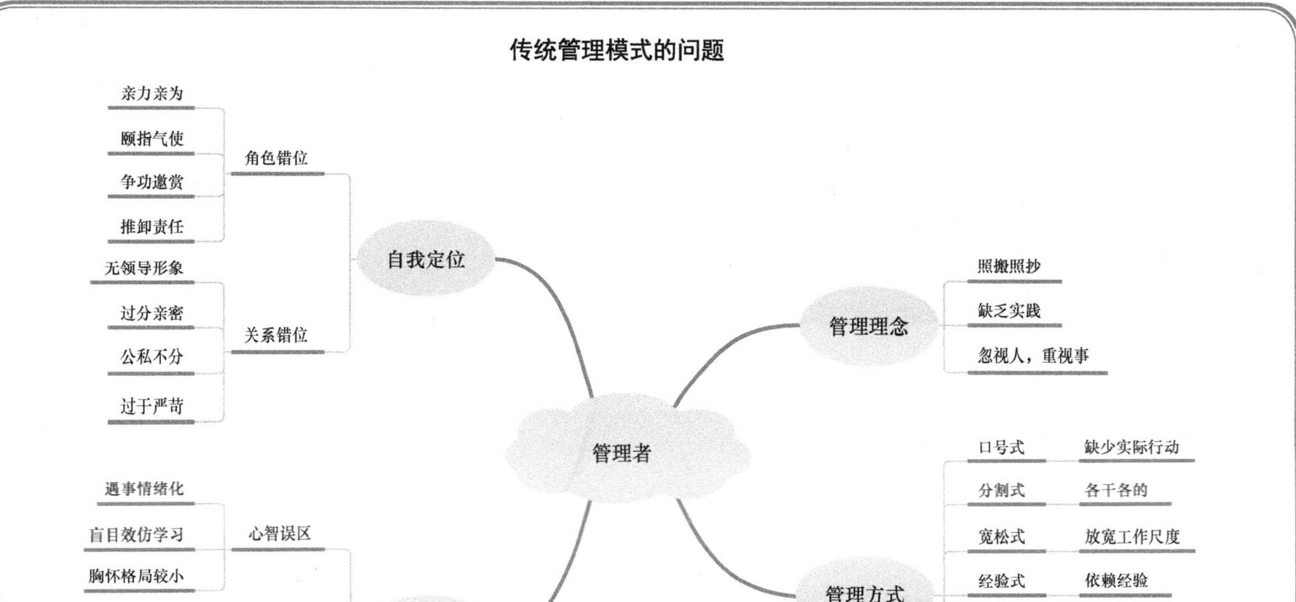

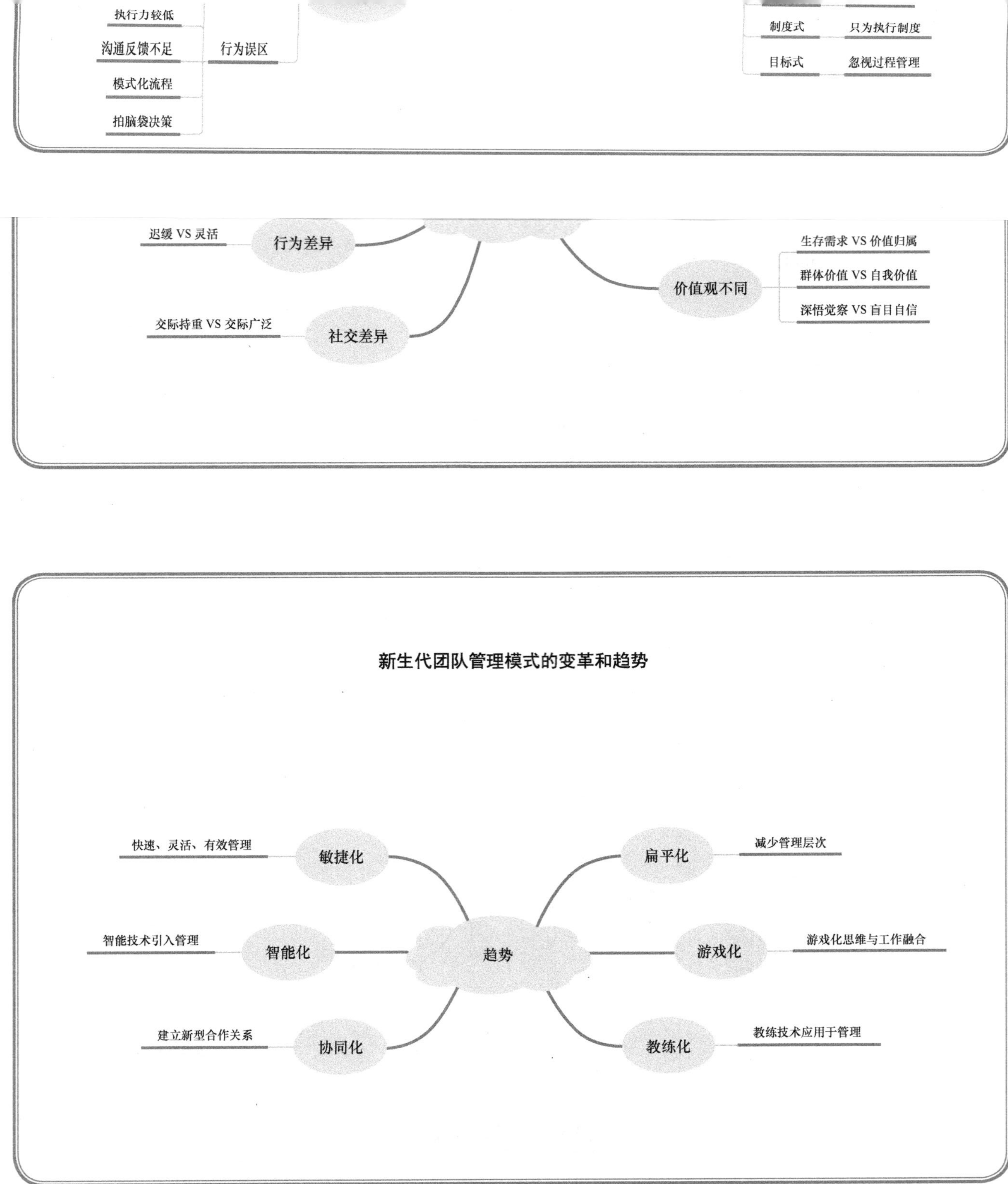
执行力较低
沟通反馈不足
模式化流程
拍脑袋决策
行为误区
制度式
只为执行制度
目标式
忽视过程管理
迟缓 VS 灵活
行为差异
交际持重 VS 交际广泛
社交差异
价值观不同
生存需求 VS 价值归属
群体价值 VS 自我价值
深悟觉察 VS 盲目自信
新生代团队管理模式的变革和趋势
趋势
敏捷化
快速、灵活、有效管理
智能化
智能技术引入管理
协同化
建立新型合作关系
扁平化
减少管理层次
游戏化
游戏化思维与工作融合
教练化
教练技术应用于管理

新生代员工的行为动机不只是钱。

还会持续产生这种行为，直到达到目标。例如，员工非常想绩效成绩第一名，那么他就会努力克服工作中的各种问题，直到达到自己的目标。

第四，调整功能。动机在为个体行为提供动力与方向的同时，也会对人的活动进行控制与调整。例如，当员工与家人吵架情绪不好时，他的行为动机会自发地调整其现有的行为，使其朝着预定的目标前进。

所以，管理者要想通过员工的行为动机引导员工不断改进行为，只要清楚了解并激发员工的行为动机即可。

在传统管理模式中，管理者始终认为：只要给钱，没有不愿意干活的员工。实际上，随着经济的不断发展及生活水平的不断提升，新生代员工已经不再只为钱而干活。“新生代员工不问工资，更关心有没有健身房、下午茶”就很好地验证了这一点。简单来说，新生代员工的行为动机不只是钱。

实际上，无论在哪个时代，员工的行为动机都不只是钱，只不过

员工不是只为金钱而行动，他们有更多的行为动机。

管理者并没有关注这一点。

霍桑实验就是这方面的一个很好的例子。

霍桑心理学是管理心理学中的一个著名的实验，是 1924—1932 年美国哈佛大学教授乔治·埃尔顿·梅奥 (Mayo George Elton) 主持的在美国芝加哥郊外的西方电器公司霍桑工厂进行的一系列实验。其中有一个实验是访谈实验。

研究者在工厂进行了访谈实验。该实验打算让工人就管理层的规划与政策、管理者的态度及工作条件等问题发表看法。但是访谈过程却发生了变化，产生了意想不到的结果。工人并没有按照设定的问题回答，他们只想说一说工作之外的事情。他们认为，重要的事情并不是公司或者调查者认为意义重大的那些事情。

在访谈过程中，访谈者了解到这一点后改变了最初的想法，不再规定访谈的内容，并把每次访谈的平均时间从 30 分钟延长到 1 ~ 1.5 小时，多听少说，详细记录工人的意见、想法和需求。

这次访谈计划持续了两年多，最后工厂的产量得到了大幅提升。之所以会产生这样的效果，是因为工人长期以来对工厂的各项管理制度和方法存在不满，却又无处发泄。这样自由访谈的形式刚好给了他们发泄情绪及表达需求的机会。当工人的负面情绪发泄完，需求得到满足后，士气提高了，产量自然会提升。

霍桑实验验证了一点：员工不是只为金钱而行动，他们有更多的行为动机。因此，作为新时代企业管理者，要想带好团队，就要关注员工的行为动机，并寻找合适的方式激发他们的动机，进而引导员工产生

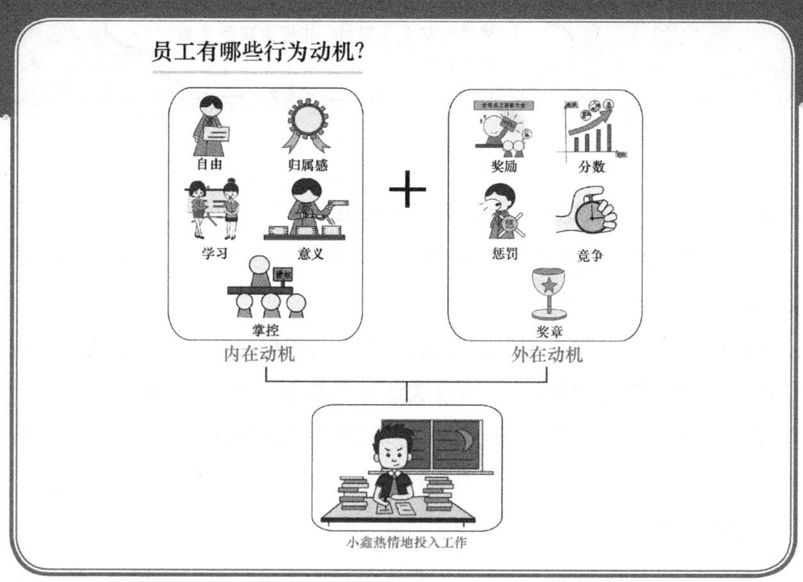

正确、积极的行为。

内在动机

内在动机是指由个体内在需要引起的动机。新生代员工的内在动机主要有以下几种。

自由。新生代员工不喜欢工作时被领导时刻盯着。他们希望领导能给他们多一点儿自由的空间，这样他们才能更好地发挥自己的潜能。

归属感。归属感其实就是员工对团队的认同，对企业的认同。新生代员工如果对团队、企业没有归属感，那么他们对工作就会丧失热情。

学习。对于新生代员工而言，相比薪酬，他们更在乎能不能在工作中获得成长。所以，如果企业能够给他们提供学习的平台和机会，他们对工作便更有干劲。

意义。传统时代的员工在乎一份工作能够给他们带来多少报酬，而

新生代员工更在乎做这份工作的意义和价值是什么。所以，让新生代员工知道工作的价值和意义，也是激发员工更努力地为企业、团队做出更多贡献的一种管理方式。

掌控。 新生代员工是思维活跃、想法比较多的一代人。所以，他们不喜欢被领导完全掌控，不喜欢什么事情都必须听领导的。因此，管理者应当学会适当下放一些权力，给他们更多自由的空间，让他们更好地发挥自己的潜能。

外在动机

外在动机是指个体行为未受到存在于行为本身的情绪所影响，而是被行为以外的因素或奖惩所影响。简单来说，当一个人的行为是为了获得别人的奖赏或避免处罚时，其行为即是受到外在动机的影响。新生代员工的外在动机主要有以下几种。

奖励。 奖励是典型的外在动机。例如，可以奖励员工带薪休假或者给予奖金。

分数。 分数可以是绩效成绩，也可以是积分制度的分数。员工的分数越高，获得的奖励越多，员工的工作干劲自然越强。

惩罚。 惩罚和奖励一样，同样可以激发员工的动机。例如，迟到一次，要打扫一个星期的卫生。员工为了避免受到惩罚，自然会严格要求自己。这里要注意的是，管理者一定要以奖励为主，惩罚为辅。否则容易引起员工的抵触心理，无法起到激励员工的作用。

竞争。 适当的竞争也是激发员工动机的一个方法。例如，可以将团队成员分成若干个小组，小组之间可以组织比赛。获胜的小组可以获得奖励，且获得的奖励会按照小组成员的贡献按比例发放。

徽章或奖章。徽章和奖章能给员工带来荣誉感和成就感，进而可以激发他们的动机。例如，可以给表现优秀的员工发徽章或奖章，如“2021 年绩效第一徽章”“优秀员工奖章”。

02 人不是用道理，而是用感情行动

周总让小维负责一个项目。为了把这个项目做好，小维经常主动加班到晚上八九点。章小万调侃小维说：“最近是打了鸡血吗？这么努力？”小维笑着说：“周总这么信任我，把这么重要的项目交给我，我不能辜负他对我的信任啊！”

不少人认为，在生活或工作中，大多数人是用道理行动，所以我们习惯于与他人讲道理。实际上，绝大多数人不是用道理，而是用感情行动的。例如，小维主动加班，并不是因为周总要求她把项目做好，她才认真、努力地去做；而是因为周总信任她有能力做好这个项目，为了不辜负周总的信任，她才愿意加班加点地工作。从心理学层面上说，良好的情感关系更能激发人的积极性，进而能够提高工作效率。

《时尚芭莎》的执行主编曾说：“世界上最无效的努力，就是对年轻人掏心掏肺地讲道理。”但是，不少管理者仍然没有意识到这一点。他们认为，能让员工行动的是道理，而不是感情。他们甚至认为，感情用事只会降低团队的工作效率。事实表明，人用道理和用感情行动所产生的工作结果是不同的。

良好的感情，更能激发员工的积极性。

当员工用道理去行动的时候，他们只会按部就班地工作，很难激发自己的潜能。如果员工不认可这个道理，那么很可能会产生抵触心理，进而会与领导产生冲突。在这种情况下，员工自然很难顺利、高效地完成工作任务。

当员工用感情行动的时候，他们会更有热情和干劲，并且会主动改进自己的行为，要求自己尽力做到完美。相比较而言，感情在行动中能够给人提供更多的动力，是激励员工努力工作的关键因素。

当然，这里要提醒管理者注意的是，不能完全抛开道理谈感情。乌克兰著名教育家瓦西里·亚历山德罗维奇·苏霍姆林斯基曾说：“情感如同肥沃的土地，道理好比种子，没有情感的沃土，道理的种子再好，也发不了芽。”因此，管理者要做的是，在与员工讲道理之前，先做好员工的情感管理工作，让员工用感情去行动。

关心员工的工作和生活

工作。 管理者不能只关注员工在工作上取得的成绩， 更应当关注员工的成长， 以及在工作中遇到的问题。 如果员工在工作中遇到问题， 那么管理者要及时为员工提供解决问题的资源和帮助。

生活。 员工如果在生活中遇到不愉快的事情， 那么他们的情绪也会受到影响， 进而会影响工作效率。 因此， 除了工作之外， 管理者还要关注员工的生活， 并要尽力帮助他们解决生活中的问题。

尊重、认同员工

新生代员工不再是只为薪水工作的人， 而是为快乐工作的人， 尊重和认同是最能给他们带来快乐的两个因素。 因此， 管理者要想让员工快乐工作， 还应当学会尊重、 认同员工。

真诚地关心员工。 真诚地关心员工是员工情感管理的关键内容。 关

国著名心理学家戴尔·卡耐基（Dale Carnegie）在其作品《人性的弱点》一书中写道：“凡不关心别人的人，必会在有生之年遭受重大的困难，并且大大地伤害到其他人。也就是这种人，导致人类的种种错失。”所以，作为管理者，为了不伤害员工，不导致团队的种种错失，就应当真诚地关心员工。

信任员工。新生代员工需要鼓励，而信任是最好的鼓励，也是最好的奖励。就像小维因为得到周总的信任，而更努力地工作一样。因此，管理者在安排员工工作时，一定要相信员工有能力做好这件事。

肯定员工的价值。新生代员工非常在乎自己的存在感，即自己在团队中存在的价值。因此，管理者在工作中要尽可能地创造机会，肯定员工的价值。例如，在员工取得某个成就时，管理者可以表扬员工：“你这次取得的成就，进一步推进了团队的发展，也给团队其他成员树立了一个好榜样。”

包容员工的小缺点。“人非圣贤，孰能无过。”员工也是如此。如果管理者对员工求全责备，只会让员工时刻处于高压工作状态。这样很容易让员工产生消极心理，进而会严重影响他们工作的积极性。所以，管理者要学会包容员工的小缺点。

不要对员工颐指气使。管理者在给员工安排工作任务的时候，不能对员工颐指气使，这样只会让员工产生不满的情绪。这种情绪显然不利于员工积极地开展工作。

多使用礼貌用语。管理者在与员工沟通的时候，不要总是用发号施令的口气，这样很容易让员工对你产生抵触心理，进而不愿意努力地工作。管理者应当多使用礼貌用语，让员工感受到你对他的尊重。对于新生代员工来说，很多时候，管理者的一句“谢谢”就能给他们带来莫大的鼓励。

对员工要一视同仁。管理者切不能因为自己的个人主观意识而偏袒一些员工。这种做法不仅会让其他员工感到不公平，还会影响团队成员之间的关系，进而会严重影响团队的发展。因此，管理者应当做到一碗水端平，对员工一视同仁。

激发干劲误区一：建议变成了指示

申总让章小万写新项目策划方案。章小万把写好的方案交给申总后，申总愁眉苦脸地说："这不是我要的方案，这样写不行。你这样写突出不了项目的特点。我建议你从……这几个方面来写，你觉得是不是更好？"章小万很无奈地点点头，心情十分沮丧，然后按照申总的建议重写了方案。

为什么章小万在听了申总的建议后，不但没有更有干劲地工作，反而变得沮丧？因为申总看似在给建议，其实是在指示。实际上，把建议变成指示是很多管理者在激发员工干劲时容易陷入的误区。

那么，管理者如何才能避免这种误区？首先，管理者必须清楚地认识建议和指示这两个词，以及这两种管理方式给员工带来的感受。

建议。建议是针对一个人或一件事的客观存在，提出自己合理的见解或意见，使其具备一定的改革和改良的条件，使其向着更良好的、积极的方面完善和发展，是有益处的。提建议，一般是在员工思考之后，根据员工的想法提出有针对性的建议，而且不强迫员工必须采取这种建议。在管理者给出有针对性的建议且不强迫员工必须按照建议执行

当建议变成指示的时候，无法激发员工的干劲。

时，员工会更有干劲和热情地改进自己的行为。

指示。指示是上级对下级的指导、命令的内容。这里我们要说的指示，是指在员工思考之前，管理者就给出自己的建议。这种建议，似乎是将管理者的想法强加给员工。心理学研究表明，当管理者把自己的想法强加给员工时，会令员工产生逆反心理。在这种情况下，即便员工表面接受了建议，他也不会对工作有干劲和热情，进而无法高效地完成任务。

所以，管理者要想激发员工的干劲，就要避免将建议变成指示。具体来说，管理者要注意以下几点。

明确什么是真正意义上的建议

不要期待建议实行。首先，管理者一定要知道，如果内心期待建议实行，那么这就不是建议，而是指示。因此，管理者在提出建议时，不能期待建议实行。

建议只是想法，不是制度、命令。建议只是你的一个想法，不是制度、如何避免将建议变成指示?

要关心员工的想法，而不是直接给出建议。

命令， 不能强迫员工必须接受。 换句话说， 员工可以接受你的建议， 也可以拒绝。

在员工充分考虑后，再给出建议

不要在交代任务时给建议。管理者千万不要在给员工安排任务时， 就提出自己的建议。 这种方式其实就是间接地将员工的潜能扼杀在摇篮中。

问问员工怎么想的，让员工充分思考。如果管理者不给员工思考的机会， 那么员工将永远无法获得成长。 因此， 管理者一定要多问问员工是怎么想的， 让员工充分思考。 通常情况下， 管理者在安排员工某项任务时， 应当给员工一定的时间， 让员工去深入、 全面地了解工作任务， 并思考如何完成这个任务。 当员工充分考虑并形成初步的想法后， 管理者可以与员工就该任务进行再次沟通。

问问员工“我怎样才能帮助你”，而不是直接给出建议。不少管理者会在员工寻求帮助的时候，直接给出自己的建议。实际上，这种建议还是指示。管理者应当询问员工“我怎样才能帮助你”。例如，章小万在设计方案时遇到了问题向申总求助。这时候申总可以问：“我怎样才能帮助你?”章小万可能会说：“我不知道如何才能找到更好的创意。”这时候申总就可以很自然地给出建议：“你不妨多找一些有创意的文案参考参考。”这远比申总直接给出建议更容易让章小万接受，而且建议也更有针对性。

让员工自己做出最终选择。无论员工是坚持自己的想法还是采用管理者的建议，管理者都不要帮员工确定最终选择。员工的最终选择一定要让员工自己确定。这样员工才会为自己做出的决定努力工作，进而才能激发员工的干劲。

激发干劲误区二：以为员工听懂了

小鑫的业绩一直不好。周总找小鑫面谈：“你主要的问题是不会洞察客户的心理需求。”小鑫很不解：“洞察客户的心理需求？”周总点点头，说：“是的。所以你以后要提升这方面的能力。”半年后，小鑫的业绩依然停滞不前，而周总与小鑫面谈的时候又说了同样的话“你要学会洞察客户的心理需求”。

不少管理者为了激发员工的干劲会主动指导员工。但是在指导的过程中，他们会发现一个问题：“明明我说得很清楚，为什么效果还是不好？根本看不到员工的成长。”问题的关键在于，管理者认为自己说得很清楚的时候，潜意识也认为员工听懂了。但是实际上员工根本没有听懂。

例如，周总说小鑫主要的问题是不会洞察客户的心理需求。但是周总只是传达了这样一个信息。小鑫无法从这个信息中获知“为什么要洞察客户的心理需求”“如何才能洞察的客户需求”。所以，半年后，小鑫仍然没有成长。

为什么不少管理者总以为员工听懂了？主要原因有两点。

存在认知差异。心理学上有一个名词叫“心理差异”，是指人们之间

不要主观臆断员工听懂了你的想法。

在稳定的心理特点上的差异，包括智力或认知、人格等方面的差异。管理者之所以以为员工听懂了，正是因为存在心理层面的认知差异。例如，以周总的身份、阅历、学识、经验来说，完全能够理解为什么要洞察客户的心理需求，以及如何才能洞察客户的心理需求。但是，作为初入职场的小鑫来说，这就不是一件很容易的事情。

对员工的认识不深。管理者以为员工听懂了的另一个主要原因是对员工的认识不深。例如，周总可能潜意识地认为小鑫已经在公司工作一段时间了，应该掌握了基本的销售知识和技能。但实际上，小鑫是一个不爱交流，对工作不是很热情的员工，并没有掌握很多销售知识和技能。

当员工没有听懂管理者的意思时，他们就会按照自己的理解，在模糊不清的状态下进行工作。这种状态，显然无法激发员工的干劲，并且会影响员工的工作效率，阻碍员工的成长。所以，为了激发员工干劲，管理者在给员工安排任务或指导员工的时候，一定要确保员工听懂了你的话。

没有理所当然，要确保员工真的听懂了。

每一个人都是不同的，没有理所当然

人是不同的。 管理者要想确保员工能听懂自己的话，首先就必须认识到人是不同的。不同性别、年龄、家庭背景、受教育程度的人，对事物的认知是不同的。也就是说，人本身就存在认知差异，不要以为自己懂了就认为员工也能听懂。

没有理所当然。 管理者在指导员工时，总会觉得一些事情是理所当然的。例如，周总可能认为作为销售员理所当然地知道如何洞察客户的心理需求。实际上，这件事不是理所当然的，尤其对一个初入职场的销售员来说更不是理所当然的。所以，管理者在给员工安排工作任务或指导员工时，对任何事情都不要抱有理所当然的心理认知。

更多地考虑员工的认知

管理者在给员工安排工作任务或指导员工时，要更多地考虑员工的

认知能力。也就是说，管理者要深入、全面地了解员工。

用员工能听懂的方式表达自己的想法。同一句话，对于认知能力不同的人来说其意思不同。因此，管理者为了确保员工能听懂自己所说的话，还应当用员工能听得懂的方式表达。例如，小鑫的认知能力与周总存在很大的差异，那周总就要站在小鑫的角度考虑，用小鑫能听懂的方式，让小鑫认识到销售员了解客户的心理需求的重要性，并引导小鑫学习了解客户的心理需求的相关方法和技巧。

再次确认员工是否听懂了。管理者要确认员工是否真的听懂了，有一个很简单的方法，就是在表达完自己的想法后，再次确认员工是否听懂了。例如，管理者可以询问员工："我这么说你能理解吗？是否还有不懂的地方？"管理者在提问时，语气一定要柔和。否则，员工即便听不懂也会假装听懂。这就跟你的原意背道而驰了，会严重影响员工的工作效率。如果条件允许，最好在员工表示听懂之后，要求员工简单地进行总结、复述。这样，管理者就可以从员工的复述中了解员工理解的程度。如果员工尚未听懂，管理者也不必着急，因为员工不是故意听不懂，只是存在认知差异。这个时候，最好的解决办法就是再说一遍！

激发干劲误区三：不理解员工的动机

周总的团队最近接了一个大项目，整个团队都忙得焦头烂额。为了激发大家的工作干劲，周总说："大家加油干，项目完成后，我给大家发奖金。"小鑫和章小万吐槽说："我真的不想要什么奖金，我只想项目结束后，给我放两天假，不然我真的一点儿动力都没有。"章小万连忙点头说："我也这样想呢！"

美国著名管理学家卡特·罗吉斯（Carter Rogers）曾说："如果我能知道他表达了些什么，如果我能知道他表达的动机是什么，如果我能知道他表达了以后的感觉如何，那么我就敢信心十足且果断地说，我已经充分了解他了，也能够有足够的力量影响并改变他了。"然而，大多数管理者并不知道员工的动机是什么，因此他们没有足够的力量影响员工，不能激发员工的工作干劲和热情。

实际上，在管理工作中，管理者之所以无法激发员工的干劲，很大一部分原因是管理者陷入了一个误区：不理解员工的动机。例如，从小鑫和章小万的对话可以看出，周总不理解团队员工的动机。对团队员工来说，比起奖金，他们更愿意为休假而努力工作。如果周总不理解他们的这种动

不能正确理解员工的动机，将无法激发员工的干劲。

机，只是承诺在项目结束后给他们发一笔奖金，那么接下来，他们很可能因为内心需求没有得到满足而丧失对工作的干劲。

现代管理心理学认为，理解并激发员工的动机，才是激发员工工作干劲和热情的切入点和基本点。所以，对于管理者而言，要想激发员工的工作干劲和激情，一定要学会理解员工的动机，并想办法激发他们的动机。

员工产生动机主要依赖两个条件：

一是内在条件，即个体缺乏某种东西而引起的需求，由身心事物平衡而产生的紧张状态或感到不舒服；

二是外在条件，即指个体身外的刺激诱因，如食物的色、香、形、味、广告、奖金等各种激励。

因此，管理者可以从员工的外在行为或员工的表达中，了解员工的需求，并采取有效措施来满足员工的需求，就能激发员工的动机，充分调动员工的积极性。

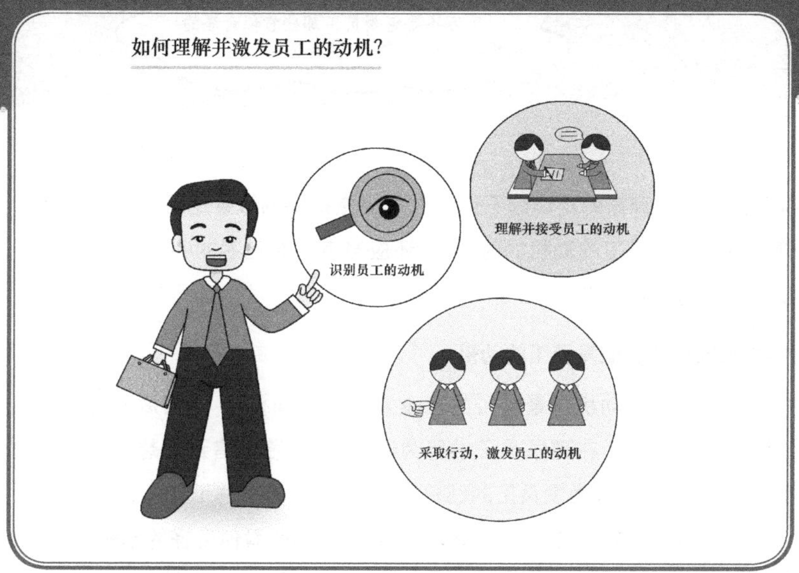

识别员工的动机

关注员工的言行举止。 识别员工的动机， 要求管理者要多关注员工的言行举止。 例如， 周总说要给大家发奖金， 如果大家的反应不强烈， 那么说明这种方式没有激发他们的动机。 这时候， 周总就可以询问大家的意见。

与员工沟通，倾听员工的动机。员工外在的行为表现并不一定能够充分说明员工一定有某种动机。 因此， 管理者要想深入理解员工的动机， 还应当与员工进行沟通， 倾听员工的动机。 在员工表达想法和需求的时候， 管理者一定要认真倾听， 因为员工的动机很可能藏在里面。 例如， 员工说： “我每个月都要加班， 连和男朋友约会的时间都没有。” 这句话可能表明， 员工希望减轻工作量， 有自己的个人时间。

理解并接受员工的动机

新生代员工的需求是多元化的，他们在乎薪资，更在乎快乐、轻松，

甚至在乎公司离家的距离远不远，公司食堂提供的饭菜是否可口。因此，管理者在识别员工的动机的时候，还应当有一颗包容的心，能够理解并接受员工的不同动机。

采取行动，激发员工的动机

理解员工的动机的最终目的是激发员工的动机，进而激发员工的工作干劲。因此，在理解员工的行为动机后，管理者还要想办法尽量满足员工的需求，以激发员工的动机，进而激发员工的工作干劲。

这里还要注意的是，千万不要忽视员工那些看似奇怪的动机，如对下午茶、健身房的需求。对于新生代员工而言，也许管理者只要给他们安排一份简单的下午茶，就会大大激发他们的工作干劲。

不教原则：引导员工自己找出答案

周总和章小万说：“你这个方案设计的方向不对，你应该从……角度去设计。这样更能吸引用户。”章小万立即反驳：“我不同意你的看法，从我这个角度去设计才更符合用户的需求。”周总摇摇头说：“不对，你听我的，按照我说的来。”章小万点点头，然后非常沮丧地走出了办公室。

新生代员工是个性突出、有自己独特想法的一代人。他们很难轻易接受别人的想法和建议，更希望通过自己的思考去寻找答案。从章小万的反驳中，我们不难看出这一点。

心理学研究表明，真正高水平的人，都是会对自己或别人进行积极、正向引导的人。事实表明，教员工怎么做显然不如引导员工自己找出答案更能激发员工的干劲，让员工获得成长。因此，作为新生代员工的管理者，要摒弃传统的“管理者教，员工做”的管理模式，要学会遵循不教原则，引导员工自己找出答案。

自己找答案本身就是激励性的行为。如果管理者直接告诉员工答案，让员工按照答案去做，那么员工就不会去思考，进而也不会获

直接教员工怎么做，反而会降低员工的积极性。

得成长。相反，如果管理者引导员工自己去找答案，那么员工便会主动思考，主动去寻找最佳的答案，进而会获得成长。

恍然大悟能够给员工带来成就感和动力。在管理者的引导下，如果员工可以找到答案，那么员工一定会有恍然大悟的感觉。员工很可能会说“原来是这样的”“我之前怎么没有想到呢”。这种感觉给员工带来的是成就感和动力，能够激发员工的工作干劲。

具体来说，管理者引导员工自己找出答案，要做好以下 3 件事。

先肯定员工

管理者要想引导员工自己找答案，前提是员工愿意被引导。

如果管理者一开始就极力否定员工的想法和行为，那么员工很可能会产生逆反心理，进而也无法听进去管理者接下来所说的话。管理者自然无法更好地引导员工自己找答案。因此，无论员工的想法和行为如何，管理者都要先肯定员工。

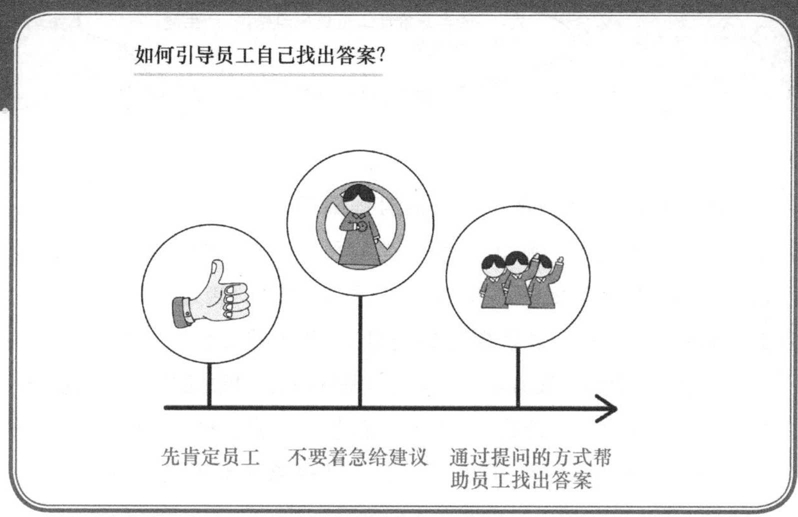

这里所说的肯定，不是指管理者一定要认同员工的想法和行为，而是要肯定员工的工作成果。例如，管理者可以说“你的想法很有创意”“我完全理解你的行为”。员工得到肯定后，防备心就会松懈下来。这时候，管理者便可以继续与员工展开沟通，进一步引导员工。

不要着急给建议

管理者很可能在员工表达完想法后，能深刻认识到员工存在的问题。于是，管理者会急于给出自己的建议。管理者要切记，在员工没有认识到自己的问题之前，千万不要着急给建议。这个时候给建议，依然等于在教员工，而不是引导员工。

通过提问的方式帮助员工找出答案

引导员工自己找答案的本质就是帮助员工内省，发现自己存在的问题。要实现这一点，最简单的方式就是提问。

具体来说，提问的方式有以下几种。

肯定式提问。管理者在提问的时候采用肯定语气，往往能更有效地引导员工思考。例如，管理者问员工："你在这方面的经验很足，你是否还有更好的想法？"员工在得到管理者的肯定后，会更愿意积极思考，发现自己的问题，并寻找更优的答案。

表面建议式提问。表面建议式提问看是管理者在提出建议，但这个建议并没有具体的方案，而是在引导员工思考，让员工自己寻找答案。例如，管理者问员工："如果换一个方向，是否会有更好的结果？"这个问题其实就是让员工思考，当前的方向是否存在问题，是否还能优化。

刨根问底式提问。这种提问方式也称"压榨式提问"，是指通过一个接着一个的问题，不断引导，直到找出问题的答案。这种提问方式，可以有效地帮助员工发现问题，找到答案。例如，管理者问员工："你为什么会有这种想法""如果这么做会有什么样的结果""这样的结果能维持多久"……在管理者不断地追问下，员工会不断地加深思考，争取找到更好的答案。但是，不建议管理者经常采取这种提问方式，因为这种提问方式很容易给员工造成压迫感，容易产生适得其反的效果。

请教式提问。请教式提问既能体现对员工的尊重，又能引导员工找出问题的答案。例如，"关于这件事，我是否能请教你几个问题？"这样提问，可以让员工更尽情地表达自己，而且能有效引导员工自己找到解决问题的方法。

限制式提问。限制式提问是指把答案限制在一个很窄的范围内，无论员工怎样回答，都利于管理者引导员工改进行为。因此，采取这种提问方式，管理者提出的问题必须明确而具体，这样效果才会更好。

采取限制式提问方式时，管理者提出的问题必须明确且具体，这样效果才会更好。

例如，管理者问员工："你是否认为提高自己的工作效率非常重要？"如果员工回答"是"，那么管理者就达到了提问目的，希望员工可以提升自己的工作效率；如果员工回答"不是"，管理者可以进一步让员工说出自己的认识，并引导员工改进自己的想法和行为。所以，无论员工回答是与否，管理者都可以通过这个问题引导员工找出答案，改进行为。

07 换位原则：看到对方眼中的世界

章小万连续加班一个月，感到非常疲惫。于是向周总申请说："周总，我能不能休两天年假？"周总说："工作哪有不辛苦的。现在正是关键时刻，再坚持坚持吧。这个项目做完还能拿一笔奖金呢！"在接下来的工作中，章小万却表现得非常消极。

实际上，已经有不少管理者意识到了解并激发员工的心理动机的重要性，并且已经开始在做这件事。但是他们发现，即便他们采取了措施激发员工的心理动机，如发奖金，但是员工仍然不为之所动。他们不清楚为什么会出现这种情况。其实原因很简单，管理者认为奖金可能是员工工作的动机，但实际上并不是。

心理学研究表明，人会本能地站在自己的角度考虑问题。大多数管理者会站在自己的角度考虑员工的动机，他们认为员工的动机是获得工资、奖金、福利……但实际上，员工可能只是想要带薪休一天假。

例如，章小万连续加班一个月想休假。但是，周总说："工作哪有不辛苦的。现在正是关键时刻，再坚持坚持吧。这个项目做完还能拿一笔奖金呢！"周总其实就是站在自己的角度考虑问题，他认为现在

当员工无法得到理解的时候，他们就会丧失干劲。

是关键时刻，大家应该在这个时候咬紧牙关，再坚持坚持，而且还可以拿到奖金，这一定是员工想要的。但是，章小万已经处于非常疲倦的状态，没有办法再坚持。在听到周总这样说后，章小万会感到不被理解、认可，进而自然无法更积极地投入工作。

如何解决这个问题？掌握换位原则，即站在员工的角度考虑问题，看到员工眼里的世界。例如，如果周总换位思考，周总就会理解章小万的处境，然后会说："最近加班辛苦你了。你做得很棒。但是，最近是关键时期，还希望你能再坚持坚持。等这个项目忙完了，你不仅可以拿到奖金还可以休假。"这才是章小万真正的动机，才能进一步激发章小万的工作干劲。

所以，掌握换位原则，也是了解员工动机，激发员工工作干劲的关键。

全球最早的现代成功学大师拿破仑·希尔（Napoleon Hil）曾发了一个招聘秘书的广告。广告发出去后，应聘信件像雪花一样飞来。大多数信件是这样的话 “我希望我有机会应聘这个职位” “我毕业于 ×× 大学， 我有 ×× 技能”。 很遗憾， 拿破仑·希尔对这些应聘者都不是很满意。

他正在准备放弃的时候， 一封信件吸引了他。

> “希尔先生：您所刊登的广告一定会收到成百上千封求职信，而我相信您的工作也一定特别繁忙，根本没有足够的时间来认真阅读。因此，您只需拨一下这个电话，我很乐意过来帮助您整理，以节省您的宝贵时间。您丝毫不必怀疑我的工作能力与质量，因为我已经有 15 年的秘书工作经验。”

看完这封信件后， 拿破仑·希尔说： “懂得换位思考， 能真正站在他人的立场上看待问题、 考虑问题， 并切实帮助他人解决问题， 这个世界就是你的。”

同样的道理， 对于管理者而言， 掌握换位原则， 能真正站在员工的立场上看待问题、 考虑问题， 并切实帮助员工解决问题， 团队才是你的。

从员工的角度想“为什么会这样”

心理学规律发现每个人的思考都很难跳出自己的角度。 每个人在面对一些事情， 做出好坏或对错的判断时， 起决定作用的都是自己的角度。 所以， 管理者要想掌握换位原则， 还应当学会在工作中刻意要求自己时刻从员工的角度想 “为什么会这样”。

例如， 当员工的业绩一直无法提升的时候， 管理者就要问自己 “为什么他的业绩无法提升” “为什么之前培训过， 他还是没有掌握基本的

技能”……这样，管理者才能发现问题的本质，才能理解员工的行为，进而才能有针对性地帮助员工解决问题、改进行为。

多思考“假如是我，我会怎么样”

掌握换位原则最简单的方式就是，把自己当成员工，多思考“假如是我，我会怎么样”。

例如，当员工犯错时，不少管理者会指责员工。有些管理者发现，过度指责不但不会让员工积极改进行为，反而会打击员工的自信心，导致员工积极性降低。因此，这个时候，管理者要思考的是“如果我犯

错了，我会怎么样”。管理者可能得到的答案是“我害怕被责骂，希望领导能给我改进的机会，指导我改进”。这样一来，管理者就会克制自己的情绪，耐心地帮指出员工的错误，并帮助员工找到改进的办法。这种方式显然更容易让员工接受，员工也更愿意积极改进自己的行为。

第 2 章

领导行为心理学：重构团队的行为准则

“喊破嗓子，不如做出样子”。管理者要想激发团队成员的干劲，就要懂得用自己的行为去引导员工从思想上做出改变。员工的思想改变了，他们的行为自然会改进。

01 停止自己管理

章小万安排小旭与客户洽谈项目的合作事宜。在小旭转身准备去忙的时候，章小万突然叫住他说：“等等，我还是和你一起去吧！我怕你一个人搞不定。”小旭皱着眉头说：“行吧。”

在实际管理工作中，很多能力很强的管理者常常会抱怨：为什么我每天从早忙到晚，却还是带不好团队？他们甚至一度怀疑自己的能力。实际上，他们带不好团队的关键原因不是他们的能力不行或做得太少了，而是因为他们做得太多了。

很多团队的管理者，特别是一些小团队的管理者，他们经常担心下属的能力不够，于是很多事情都亲力亲为。而且他们认为，这样不但能提高员工的工作效率，还更受员工青睐。事实表明，管理者事事亲力亲为反而会降低员工的工作干劲，影响员工的工作效率。

管理心理学中有一个著名、有趣的理论——背上的猴子。该理论最早是由美国著名管理学家比尔·翁肯（Bill Oncken）提出的。这里的“猴子”是指“下一个动作”。

管理者事事亲力亲为反而会降低员工的工作干劲。

仔细想想，你在工作中是否经常遇到以下情形。

在办公室遇到员工，员工问你："我有个问题不知道怎么解决，可以和你讨论一下吗？"然后你把他叫进办公室，耐心地听他叙述问题。这样一来，你原来的工作计划就被打破了，而且你一时半会儿也想不出解决方案，于是你会说："我再想想，回头再找你谈。"

在这个案例中，"猴子"原本在员工的身上，但是在你说"我再想想"的时候，"猴子"就转移到你的身上了。你会发现，员工接下来会不停地追问你"事情进展得怎么样了""你有没有想出解决方案"。无形中，你从管理者变成了执行者，而员工却成了监督者。

慢慢地，你身上会有无数只"猴子"，你会被压垮。例如，章小万这次要陪小旭去见客户，下次可能还要陪小睿去见客户。这样做你的员工很轻松，他们将无法获得成长，并且会渐渐失去工作干劲和热情。

所以，管理者要想重构团队的行为准则，首先必须正确认识自己的

管理者身份，改善自己的行为。管理者应当做的是，停止一切自己管理，将时间和精力投资在最重要的管理层上，帮团队做出正确的决策，而不是帮员工养“猴子”。

保持谦卑的心态，用心培养员工

任何时候，管理者都不要认为自己是团队里最棒的人。你要相信，团队里有更多比你优秀的人。你最重要的事情是想办法激发员工的工作干劲和潜能，让员工自己去做，而不是包揽他们的工作。让员工自己去做的前提是，员工有这个能力做好这件事。因此，管理者应当停止自己管理，花更多的时间和精力在培养员工上。例如，管理者可以给员工安排相关的知识和技能培训课程。

相信你的员工可以做到

相信本身就是一种力量。当管理者相信员工有能力把某件事做好时，

一个不会授权，事事都自己干的管理者，反而什么事情都干不好。

员工一定会全力以赴地去做好这件事。相反，如果管理者总是担心员工做不好，那么员工便会丧失工作干劲，变得消极。这种情况下，即便员工有能力，也会因为受到负面情绪的影响而无法做好这件事。例如，小旭原本可以轻松搞定客户，但是章小万并不信任他，而且要跟他一起去见客户。这时候，小旭便会怀疑自己的能力，并且会不断否定自己。试想一下，小旭以这样的心态去工作，能把工作做好吗？显然不能。

所以，作为管理者，在给员工安排任务的时候，一定要相信他们有把这件事做好的能力。

适当授权，放手让他们去做

美国著名管理学家史蒂芬·理查德·柯维（Stephen Richards Covey）指出：“作为管理者，别揽权在身。”事实表明，一个不会授权，事事都自己干的管理者，反而什么事情都干不好。

出色的企业经理人之一、思科公司的总裁约翰·钱伯斯（John Chanbers）就是一个非常乐于放权的人。他非常清楚一个人的能力是有限的。如果只靠一个人指挥一切，即使一时能取得惊人的进展，终究会有一天行不通。因此，他非常乐意授权。这使他有足够的时间去旅行，去寻找更多发展思科的机会和点子。

适当授权，不仅有利于管理者集中精力管理团队，还能激发员工的工作干劲。因为当员工被授权后，他们便会因为获得这个权力而有成就感和信心，进而愿意更积极主动地工作。因此，管理者要懂得适当授权。授权的方法和技巧会在第 4 章具体阐述。

02 放下“员工没有主动性”的抱怨

章小万的团队最近几个月的业绩都不理想。周总找章小万谈话，章小万抱怨说：“不知道大家怎么了，工作一点儿主动性都没有。”周总说：“那你做了什么？”章小万摇摇头说：“我还能做什么？我总不能每天跟在他们的后面，逼着他们去工作吧？”

在实际管理工作中，“员工没有主动性”是管理者最常抱怨的问题。在他们看来，员工没有主动性的原因主要有以下几点。

薪酬及奖金不足。 薪酬及奖金是影响员工工作主动性的关键原因之一。

工作压力大。工作压力太大，员工就会承受不了，进而会丧失工作的主动性。

能力不足。那些工作没有主动性的员工，是因为他们没有把工作做好的能力。

态度不认真。员工对待工作的态度不认真，所以没有主动性。

从以上几点来看，管理者似乎把员工没有主动性的原因全部归结到员工的身上。当然，我们不能否认以上几点是影响员工工作主动性的一

当员工没有主动性的时候，管理者应当想办法激发员工的主动性。

些原因。但是，影响员工工作主动性的关键原因其实在于管理者。因为一些管理者只懂得抱怨，而没有采取行动引导员工，激发员工的主动性。例如，章小万面对员工没有工作积极性，除了跟周总抱怨外，什么事情都没有做。

员工的主动性一直是管理心理学研究的重点。研究表明，员工是否有主动性，关键在于管理者是否懂得激发他们的主动性。所以，管理者只会抱怨没有用，应当积极行动起来，采取合适的方法激发员工的主动性。

引导员工主动思考：这件事这么做可以吗

管理者要想激发员工的工作主动性，首先应当学会引导员工主动思考。要引导员工主动思考，就应当多问员工“这件事这么做可以吗”而不是问员工“这件事怎么办”。

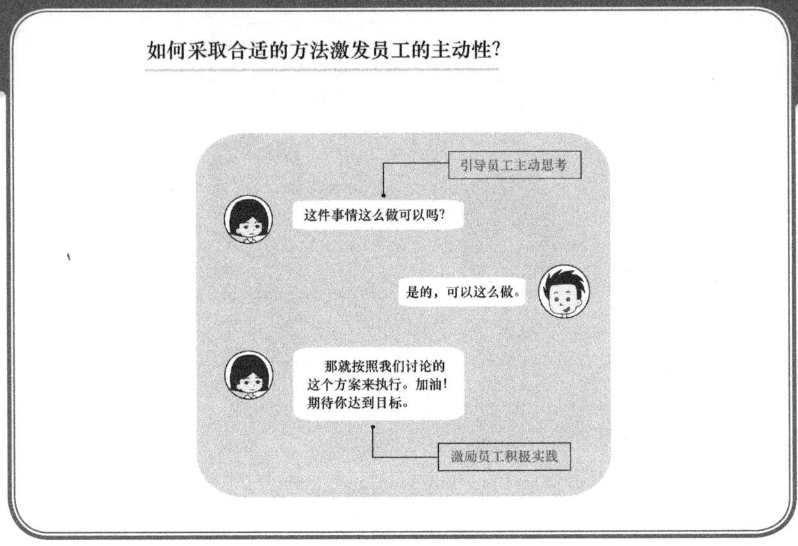

不少管理者在给员工安排工作任务或跟员工讨论工作方案时，会问员工："你觉得这件事该怎么办？"这时候，员工很可能认为管理者把问题推给了自己。员工一来不想承担太多责任，二来也并没有很好的想法，于是可能会说："我不知道怎么办。"当员工这么回答时，意味着他已经停止思考了。这时候管理者要么直接给员工答案，要么让员工回去思考。但是无论哪种方式，都无法更好地激发员工的主动性。

相反，如果管理者问员工"这件事这么做可以吗"，结果可能截然不同。

"这件事可以这么做吗"是一种询问对方的意见，相互探讨的语境，能够引导员工进一步思考。这个时候员工会真诚地认为你是在询问他的意见，会认为你很尊重他、信任他，进而会积极思考，是不是可以这么做这件事。

激励员工积极实践

管理者仅仅是让员工停留在积极思考的层面上是没有用的，关键还要懂得激励员工积极实践。我们再回到以上那个问题：这件事可以这样做吗？这个问题的答案无非两种：是或否。

“是的，可以这么做。”如果员工认为可以这么做，那么很棒。你可以非常肯定地和员工说：“那太好了，你和我的想法一致。”但是，管理者要注意，不能停在这一步，你还应当继续和员工探讨，如何展开具体的行动。然后，要激励员工行动起来，去实现目标。例如，管理者可以说：“那就按照我们讨论的这个方案来执行。加油！期待你达到目标。”管理者只有激励员工积极实践，员工才会变得更加积极主动。

“不，不可以这么做。”员工可以肯定你，也可以否定你。如果员工否定了你，你也不能立马反驳员工。一开始就否定员工会弱化员工的行动力。这个时候你可以和员工一起探讨，引导员工朝着正确的方向思考问题，不断修正、改进员工的行为。当员工的思想改变了，行为改进了，他们在工作中就能获得成就感和快乐，进而也会变得更加积极、主动。

03 传达团队存在的意义

周总安排章小万与小鑫一起完成一个项目。章小万找小鑫讨论如何制定项目方案时，小鑫说：“我们就把各自能做的做好就行了。反正都是各拿各的工资，没必要浪费时间讨论方案。”

团队是什么？美国著名管理学家斯蒂芬·P·罗宾斯（Stephen P. Robbins）认为：团队就是两个或两个以上，相互作用，相互依赖的个体，为了特定目标而按照一定规则结合在一起的组织。换句话说，团队是整合大家的资源，去实现个人无法达到的目标的组织。

因为不知道团队存在的意义是什么，新生代员工在工作中经常会出现以下几种行为。

不愿意与团队中的小伙伴协作，各自为政。例如，小鑫不愿意与章小万一起讨论项目方案，认为这是浪费时间。这就是典型的各自为政。

互相推诿。在团队出现问题时，员工不愿意承担责任，并且会把责任推给其他员工。

和其他员工相处不融洽。他们会把其他员工当成自己的竞争对手，认为如果帮助了他们，就等于在损害自己的利益。

当员工不知道团队存在的意义时，他们就会各自为政。

缺乏干劲。他们只顾自己的“一亩三分田”，对工作没什么更大的期待，极度缺乏干劲。

没有归属感。员工无法产生归属感，进而会导致员工之间产生距离，甚至可能造成团队成员的恶性竞争，严重影响团队的发展。

缺乏情感需求。情感需求是新生代员工最强烈的需求。但如果员工认识不到团队的存在，他们将很难从团队中获得情感层面的需求，进而会丧失对工作的动力和激情。

这些行为不仅会影响员工个人的工作效率，还会影响整个团队的士气和工作效率。

德国哲学家罗洛·梅（Rollo May）以存在主义为理论基础，以现象学为方法论，构建了存在主义心理学。存在主义心理学探讨的主要是人的现实存在价值。实际上，人只有认识到自己的现实存在价值后，才会努力发挥自己的潜能。同样，对于团队的员工而言，只有让他们认识到团如何向员工传达团队存在的意义？

不断寻找机会重温团队使命

定期组织团队活动

队存在的价值，他们才愿意改进行为，努力为团队贡献自己的价值。

所以，作为团队的管理者，要想激发员工的动力和干劲，必须向员工传达团队存在的意义，而不只是传达任务。

不断寻找机会重温团队使命

管理者不能只在会议上单纯地布置任务、关注员工及团队的业绩，还应当利用各种会议重温团队使命，让员工认识到团队存在的意义。例如，可以利用周例会、月末总结会议、年中会议及年会重温团队使命。

管理者在带领员工重温团队使命的时候，一定要让员工明确以下几个问题。

团队的作用是什么？团队的作用是指团队为企业创造了哪些价值。例如，销售团队每年能为企业创造 2000 万元的销售额。

团队是为谁在工作？如果员工认为团队是在为企业工作，那么他们自然没有团队意识，不愿意努力工作。因此，管理者要明确告知员工，

专业的团队活动可以从行为到思维引导员工逐渐认识到团队存在的意义。

团队不是在为企业工作，团队是在为每一个员工工作。只有团队发展好了，员工才能发展好，才能获得更多的利益。

团队最终会取得什么样的成果？管理者不要只告诉员工，个人创造多少业绩可以获得奖金或者奖励，还要告诉员工，当团队创造多少业绩时，团队可以获得奖金或奖励。然后要清楚告知员工，团队获得的奖金或奖品会根据每个员工所创造的业绩，按比例进行发放。这样一来，员工就能认识到团队存在的意义，提升团队意识，改进自己的行为，积极为团队创造更高的业绩。

团队对社会有什么贡献？阿里巴巴的使命是"让天下没有难做的生意"。这其实就是阿里巴巴对社会的贡献。也正是因为这一使命，才凝聚了阿里巴巴的每一个团队，让阿里巴巴有了今天的成就。所以，管理者不仅要让员工知道团队本身对企业及对个人存在的意义，更要让他们知道团队对社会有什么贡献。

定期组织团队活动

常规的团队活动。常规的团队活动是指聚餐、郊游等。这些团队活动，不仅可以拉近员工之间的距离，还能让他们感受到团队的温暖。

专业的团建活动。专业的团建活动是指由专业的团队活动策划师根据团队的需求，以及团队员工的性质而策划的专业的团建活动。例如，管理者可以找专业的团队活动策划师，策划一个让员工认识团队存在意义的团队活动。这样做，可以从行为到思维引导员工逐渐认识到团队存在的意义。

04 传达团队的行为准则

章小万非常生气地和小睿说："一直强调不能和客户产生冲突，要控制自己的情绪。这是团队的行为准则，你不知道吗？"

团队的行为准则是什么？对于很多员工来说，团队的行为准则只是挂在办公室墙上的一行行文字，或者会议上领导随口说的几句话。也就是说，他们并没有真正理解团队的行为准则是什么，不知道什么事情不该做，什么行为不该有。

从心理学上看，当人们对某一件事情发生的理由和意义不明白时，他们就会以自己的想法展开行动。所以，当员工不清楚团队的行为准则是什么时，就会以自己的想法为准开展工作，不考虑自己的行为会对团队造成什么样的影响。因此，为了规范和引导员工行为，让大家朝着同一个方向努力，管理者就要学会向员工传达团队的行为准则。

不少管理者会说："我一直在会议上强调大家一定要遵守团队的行为准则，而且要求他们把团队的行为准则贴在办公桌上。为什么他们还是会做出违反团队行为准则的事情呢？"答案很简单，简单的口头传达

当员工不知道团队的行为准则时，
他们就无法正确地做事。

和贴在办公桌上的方法效果不好，你应该掌握更有效的传达方法。

告诉员工：为什么要遵守团队的行为准则

很多员工不遵守团队的行为准则，并非他们不知道团队的行为准则是什么，而是不知道为什么一定要遵守团队的行为准则。因此，管理者在传达团队的行为准则之前，应当明确告诉员工为什么要遵守团队的行为准则。

团队的行为准则是规范员工的行为，不是约束员工。管理者要明确告诉员工，团队的行为准则是规范员工的行为，让员工能够做正确的事，进而帮助员工提升工作效率，而不是约束员工。

没有行为准则，团队就是一盘散沙。团队的行为准则是团队文化的重要组成部分。有了明确的团队行为准则，团队才能建立规范的团队文化，进而才能凝聚团队成员的力量。否则，团队就是一盘散沙。

没有人能独自成功。管理者要明确告诉员工，没有人能脱离团队独自成功。所以，遵循团队的行为准则，与团队的其他小伙伴一起奋斗，

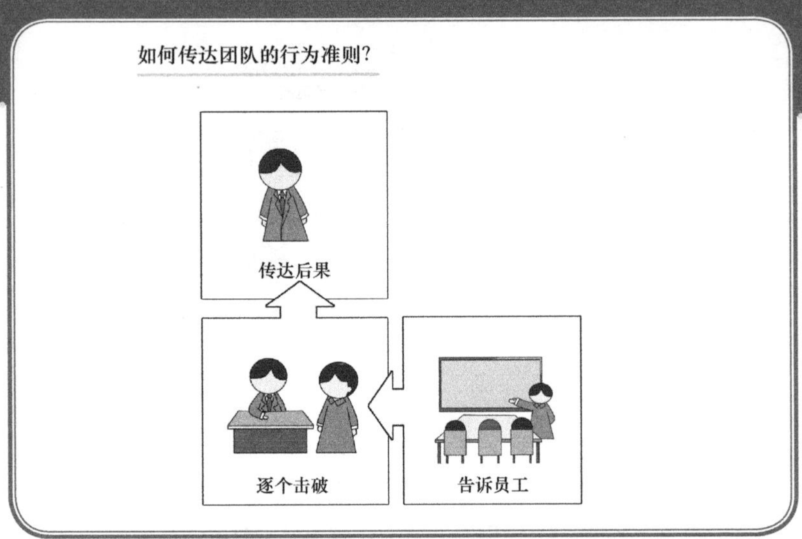

是成功的前提。

逐个击破：确保每个员工都了解团队的行为准则

很多管理者会通过会议的方式传达团队的行为准则。这的确是传达团队行为准则的一个途径。但是，对于有些员工来说，他们只会把这当作一个信息，并不会重视这件事。所以，为了确保团队每个人都了解团队的行为准则，管理者就应当采取逐个击破的方式，即采取一对一传达策略。

在日常工作中寻找机会传达。会议上传达团队的行为准则，员工很容易忘记。所以，除了会议，管理者也要学会在日常工作中寻找传达团队行为准则的机会。例如，可以在和员工进行一对一面谈时传达，也可以在员工寻求帮助的时候传达，而且要反复进行。这样，员工就能清楚什么行为是正确的，什么行为一定不能有。

在员工违反团队行为准则时传达。在员工违反团队的行为准则时向员

心理学研究表明，有效的惩罚也是一种激励行为。

工传达团队的行为准则，是一个不错的时机。这个时候管理者不能一味地斥责员工，而是要引导员工知道自己的行为是错误的，然后再向员工传达团队的行为准则。例如，小睿与客户产生了冲突。章小万要让小睿明确这个行为是错误的。然后，要再次向小睿传达并强调团队的行为准则是什么。这种情况下，小睿对团队的行为准则的记忆会更加深刻。

传达后果：让员工知道违反团队的行为准则会受到什么样的惩罚

心理学研究表明，有效的惩罚也是一种激励行为。当人们知道某个行为会受到惩罚时，他们就会努力避免做出这样的行为。因此，管理者在传达团队的行为准则时，不仅要明确告诉员工应该做什么、不应该做什么，还应当明确告诉员工如果他们违反了团队的行为准则，他们会受到什么样的惩罚。例如，告诉员工如果弄丢客户的资料，就要帮团队的其他员工买一个礼拜的早餐。切记，惩罚力度不宜过大，否则员工会破罐子破摔，无视团队的行为准则。

05 通过承认强化员工的主动行为

周总在会议上说：“我们最近有一个新产品要上市，大家都回去想想新产品的推广方案，明天早会我们再讨论。”会后，章小万非常积极主动地搜资料、想方案。第二天，章小万和周总分享了自己的方案。周总看了后说：“这个方案没有什么特色。”章小万的满腔热情瞬间熄灭了。

社会心理学研究显示：人们都喜欢被别人认可，而不喜欢被别人否定。一旦遭到否定，人们就会产生很大的心理落差，会排斥或怨恨否定他的人。这种心理状态，还会严重弱化个人的主动行为。相反，承认则可以强化个人的主动行为。

心理学上有一个理论叫“斯金纳强化理论”。该理论是由美国的心理学家和行为科学家伯尔赫斯·弗雷德里克·斯金纳（Burrhus Frederic Skinner）首先提出的。该理论认为人的行为是对其所获刺激的函数。如果这种刺激对他有利，则这种行为就会重复出现；若对他不利，则这种行为就会减弱直至消失。很显然，承认对方的行为会给对方带来有利的刺激，更利于强化对方的行为。具体来说，管理者承认

否定员工，会弱化员工的主动行为。

员工的行为可以给员工带来以下几种有利的“刺激”。

成就感。员工会因为管理者承认了自己的行为而获得一种成就感。这种成就感能激励员工持续产生良好的行为。例如，员工提前完成工作任务时，领导可以说：“你太棒了，竟然提前完成了工作。”当得到领导肯定时，员工在以后的工作中会表现得更积极主动，而且会尽量提前完成工作任务。

荣誉感。除了成就感之外，员工还会因为自己的行为被承认而产生荣誉感。例如，当员工受到管理者的公开表扬时，就会产生荣誉感。这种荣誉感会促使员工进一步改进、优化自己的行为。

被信任感。管理者承认员工的行为，会让员工感到管理者很信任员工。这种信任也会促进员工改进自己的行为。

以上几种“刺激”是强化员工主动行为的关键因素。所以，作为团队的管理者，要想引导员工在行为上做出积极的改变，首先应当学会通过承认强化员工的主动行为。

当员工的行为得到承认后，
他们才会更加积极、主动。

善于发现员工的优点，承认他们的良好行为

不要过于追求完美，要善于发现员工的优点。 对于管理者来说，也许不是不想发现员工的优点，而是因为员工的行为的确存在不妥之处。例如，章小万设计的方案的确少了点儿特色。这个时候，管理者为了力求完美就不得不予以否定。但是，很显然，这样做无法强化员工的主动行为，不利于激发员工的工作干劲。因此，管理者在工作中不要过于追求完美，要善于发现员工的优点。例如，章小万的方案做得不是很有特色，但是她对这件事非常积极主动。这就是章小万的优点，是值得肯定的行为。

承认员工的良好行为。 承认员工的良好行为，其实是一件很简单的事情。例如，可以在员工表达想法或者员工完成任务时说："你的想法很棒""我看了你写的设计方案，整体结构很完善""你最近工作表现很积极""最近工作效率很高"。这些都是对员工良好行为的肯定。也就是说，不一定要用"对与错"去判断员工的行为，而是要找到员

承认后再否定，让员工知道他们还有改进的空间。

工身上的价值点去承认他们的良好行为。

让他们知道还有改进的空间

我们不能否认的是，员工的行为不一定都是正确的。也就是我们上面所说的，很多时候，员工的行为的确存在不妥之处。那么这个时候管理者应该怎么做？管理者要做的是承认后再否定，让员工知道他们还有改进的空间。

错误的行为如果被强化，只会造成更严重的后果。因此，如果员工的行为的确存在不妥之处，管理者还应当在肯定员工的行为后再予以否定。但是在否定的时候，一定要委婉。例如，周总看到章小万的方案后可以说："你这次是第一个提交方案的，非常积极主动，值得表扬，而且整个方案的思路非常完整。如果在这个基础上，再多一点儿创意，那就更好了。"章小万在得到肯定后，一定会积极主动思考如何优化方案，让方案更有创意。

06 谁都是领导，谁都是支持者

章小万让小睿谈一下对新产品的营销渠道的想法。小睿说完后，章小万问小旭的想法。小旭说：“我非常支持小睿的想法，非常有创意。”章小万说：“我要再想想，最终如何做，还得由我来决定。”然后，大家都沉默了。

优秀的团队，从来不会只有一个领导。团队里的每一个人都是领导，也都是支持者。这里所说的“领导”并非团队的管理者，而是指团队的每一个人都有领导力。

何谓领导力?

领导力是一种人际影响力，能够激发他人或团队成员的工作热情、工作干劲、思维力及想象力，也是一种统率能力。也就是说，拥有这种能力的员工，不仅能够发挥自己的潜能，还能激发团队其他员工的潜能，可以引导他们在行为上做出积极的改变。

世界顶级心灵顾问罗宾·夏玛（Robin Sharma）在其作品《卖掉法拉利的高僧》中提到，领导力是每个人都可以具备的哲学。也就是说，只要管理者懂得激发并使用员工的领导力，团队中的每个人都可以

团队里的每一个人都是领导，也都是支持者。

具备这种能力，都是领导。这种情况下，员工便可以主动行动起来，主动改进自己的行为。

除了领导力外，让员工当支持者也是激发员工工作干劲、引导员工行为的一种管理方式。实际上，这两者是互相关联的。有领导就会有支持者。支持者不仅能激发他人的领导力，还会因为自己的支持起到作用而获得成就感，进而愿意按照自己支持的想法努力执行。

但是，很多管理者并没有意识到这一点。他们认为团队只有一个领导，那就是他们自己。所以，无论团队要做什么，都只能听他们的。只有得到他们的支持，员工才能去执行工作任务。例如，章小万听完小睿和小旭的想法后，还是坚持自己做决定。这种方式其实是在扼杀员工的领导力，很容易导致员工丧失工作干劲。

所以，优秀的管理者从不会只把自己当领导。他们会让团队中的每个人都当领导，每个人也都当支持者。

优秀的管理者从不会只把自己当领导。

让员工知道，他发出的声音有影响力。

切换身份，让员工当领导。

让员工知道，他发出的声音有影响力

如果员工能够有这样的感受：“我说的话竟然有这么大的影响力，我简直不敢相信！”那么他们会变得更加积极主动，并且会主动改进自己的行为。

给员工发声的机会，鼓励他们发声。例如，在项目会议上，管理者可以问大家：“你们有没有好的想法和建议？每个人都可以聊一聊自己的想法。”给员工发声的机会，并鼓励他们发声，其实就是在让他们当领导。

当员工的第一个支持者。员工发声后，管理者要当员工的第一个支持者。这样才能激发他们的领导力。例如，“你的想法不错，我很赞同”“这个想法很有创意，大家要向他学习”等。

对其他支持者表示赞同。员工发表完自己的想法后，可能会出现其

他支持者。这时候，管理者还要对其他支持者表示赞同。这样不仅能激励支持者，还能进一步激励发声的员工。

切换身份，让员工当领导

如果在员工表达完想法后，你依然坚持按照自己的意愿行事，那么前面的工作就白做了。所以，管理者在听完员工的想法后，还要学会转换身份，让员工当领导。

积极采纳员工的想法。即便员工的想法得到了你的支持，他们也会因为你没有积极采纳他们的想法，而丧失工作干劲。所以，如果员工的想法可实行，那么管理者就要积极采纳员工的想法。这是激发员工工作干劲最好的方法。当然，如果员工的想法行不通，那么就要与员工沟通，引导员工改进想法，然后再采纳。

主动提出帮助。管理者不要只是口头说“你的想法不错”“那就按照你的想法去做吧”。这样很可能给员工造成你在敷衍他的感觉。因此，为了进一步激发员工的干劲，引导员工的行为，管理者还应当主动向员工提出帮助，支持员工行动起来。例如，“如果有需要我帮助的地方，可以随时和我说，我会尽全力给你们提供帮助和资源。”员工如果听到管理者这么说，一定会感受到管理者是在真诚地支持自己，进而会尽全力贡献自己的力量。

07 创建有温度的团队氛围

周一上班的时候，小维垂头丧气地走进办公室。小旭见状问小维："你怎么了？心情不好吗？"小维说："进办公室之前挺好的，进来就不好了。办公室这种冰冷的氛围，让我抗拒上班这件事。"小旭点点头说："是的，我的心情也很沉重。"

心理学中有个法则叫"南风法则"，也称作"温暖法则"，它源于法国作家让·德·拉·封丹 (Jean de la Fontaine) 的一则寓言故事：

北风和南风比威力，看谁能让路上的行人把身上的大衣脱掉。北风刺骨地吹在人们身上，结果行人纷纷把大衣裹得更紧。南风则徐徐地吹，顿时风和日丽，行人感到很温暖，纷纷脱去了身上的大衣。于是，南风获得了胜利。

这则寓言故事给人们的启示是：温暖胜于严寒。这一法则同样适用于团队管理中。

在管理中，我们不难发现，那些高绩效的团队，都拥有有温度的团队氛围。在这种氛围中，员工充满干劲和激情。相反，在那些没有

团队的氛围越不好员工越没有干劲。

温度的团队氛围中工作，员工会丧失工作干劲。这种氛围会形成一种恶性循环，即团队的氛围越不好，员工越没有干劲；而员工越没有干劲，团队氛围就越不好。

心理学研究表明，有温度的团队氛围是提高员工工作干劲的一个很重要的影响因素。在有温度的团队氛围中工作，员工会表现出以下积极的行为。

互相帮助。有温度的团队氛围能让员工认识到团队的重要性。在这种认识下，他们会更愿意帮助同事，更愿意互相协作。

积极进取。在有温度的团队氛围中工作，员工会减少抱怨，还会积极主动地想办法解决问题，以创造更高的业绩。

各抒己见，取长补短。在有温度的团队氛围中，员工更愿意分享自己的想法和建议。当员工积极分享自己的想法后，团队成员之间就可以互相学习，取长补短。这样，员工也可以更快地成长。

如何创建有温度的团队氛围?

营造每个员工各司其职的工作氛围

营造良好的沟通氛围

营造安定、团结、和谐、相互尊重的团队氛围

对团队有归属感、认同感。归属感、认同感是影响员工工作积极性的关键因素。有温度的团队氛围，更能给员工带来归属感、认同感。

总的来说，在有温度的团队氛围中，团队成员之间才会互相认可，同时会积极主动地贡献自己的力量，为实现团队目标不断改进自己的行为。

具体来说，创建有温度的团队氛围，管理者要做好以下几件事。

营造每个员工各司其职的工作氛围

分工明确是影响团队氛围的关键因素。因此，管理者要想创建有温度的团队氛围，首先就要学会明确分工，让每个员工各司其职。但是，明确分工并不意味着员工之间互不相关。如果这样，团队中很可能会出现互相推诿的情况，进而影响团队氛围。因此，在明确分工后，管理者还应当明确告诉员工：“所有的事情都是团队的事情，都是大家的事情。大家应该互相帮助。”

对员工来说，在工作中能给他们带来温暖的莫过于管理者的信任、支持和理解。

营造良好的沟通氛围

管理者要想创建有温度的团队氛围，营造良好的沟通氛围是必不可少的。因为只有员工之间可以实现有效沟通，员工之间才能互相理解、信任，团队才会有温度。

每个员工都有充分表达想法和建议的权利。管理者应当告诉员工，每个人都有充分表达想法和建议的权利。只有员工积极主动、充分表达自己的想法和建议，团队才能活跃起来，才会有温度。

鼓励员工相互沟通、学习。每个人身上都有闪光点。管理者不仅要学会看到员工身上的闪光点，还应当鼓励员工互相学习，看到彼此身上的闪光点。当员工可以看到其他员工身上的闪光点时，他们就会主动沟通、学习。这样一来，员工之间的关系就能拉近，团队氛围也会更有温度。

营造安定、团结、和谐、相互尊重的团队氛围

心理学研究表明：60% 以上的员工把安定、团结、和谐、相互尊重的团队，以及领导的信任、支持、理解作为最迫切的需要；40% 左右的员工把这些作为最能激励工作积极性的因素。如果员工的这些需求得到满足，那么他们就能感受到团队的温度。因此，管理者要想营造一个有温度的团队氛围，就要尽量满足员工的这些需求。

安定。员工该得到的，一定要给员工。例如，不要随便扣员工的工资和奖金。

团结。管理者要时刻鼓励团队的员工团结起来，让他们知道个人成长来自团队的成长。

和谐。管理者可以适当地营造团队竞争氛围，但是不能让员工为了获取利益，而损害其他员工的利益。这样会破坏团队和谐，严重影响团队氛围。

相互尊重。管理者首先要学会尊重员工，然后应要求员工之间互相尊重。

信任、支持、理解员工。对员工来说，工作中能给他们带来温暖的莫过于管理者的信任、支持和理解。所以，管理者要想创建有温度的团队氛围，就应当学会信任、支持和理解员工。

强调结果，而不是忙碌

周总在会议上说：“最近几个月的业绩太差了。我看你们每天都很闲，到点就下班。能不能让我看看你们忙碌的样子？”接下来的一个月，团队的员工每天都加班，但是业绩依然没有提升。

团队经营的目的是盈利，即最终强调的是结果，而不是忙碌的过程。然而，在实际团队管理工作中，不少管理者仍然在强调忙碌的过程，而不是结果。例如，周总认为团队业绩不好的关键原因是大家没有忙碌起来。但是，大家忙碌起来后团队业绩也并没有提升，为什么呢?

心理学研究表明，当人们的心理遭受巨大压力时，他们会试图通过忙碌来掩饰自己。也就是说，这种忙碌不是为了达成某个结果，而只是为了缓解内心的压力。例如，在周总强调“能不能让我看看你们忙碌的样子”后，员工为了避免被责骂，就会刻意表现得非常忙碌。如此一来，当周总抱怨业绩不好时，他们可能会有以下说辞。

“5:30 下班，我加班加到 7:30 才回家。”

“我连吃饭的时间都没有。”

“我中午都没有午休过。”

团队业绩不好的关键原因，
并不是大家没有忙碌起来。

“我周末都在加班。”

……

这些话的言下之意是：“我都已经这么忙了，这么努力，业绩都提升不上去，我还能怎么办？”管理者在听完这些说辞后，似乎不好再责备员工。但是作为团队的管理者不妨问问自己：“这是我想要的结果吗？”

这种不出结果的忙碌，一定不是管理者想要的，更不是团队需要的。

美国著名现代管理学之父彼得·德鲁克（Peter F. Drucker）曾说：“管理是一种实践，其本质不在于‘知’，而在于‘行’，其验证不在于逻辑，而在于成果。”这里的“成果”其实就是我们说的结果。

实际上，忙或闲不是团队管理的关键问题，关键问题是团队是否能高效运转，是否能盈利。所以，作为管理者，要想引导员工做出积极的行为，要想让团队高效运转起来，就应当强调结果而不是忙碌。强调结果，更能激发员工的主动性，他们会因为想达成结果而主动思考，积极解决问题。

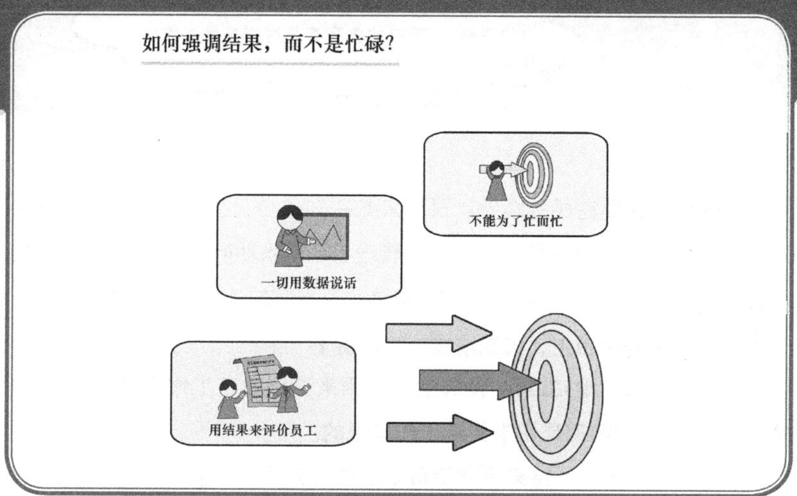

不能为了忙而忙，要考虑如何提高团队的工作效率

忙不等于有结果。因此，管理者要想强调工作的结果而不是忙碌的过程，就要考虑如何提高团队的工作效率，而不是要求员工忙起来。

为此，管理者在日常工作中，要时刻问自己以下两个问题。

我们团队要达到什么目标？

为什么不能达到目标？

管理者只有不断地进行反思，才能厘清工作目标和方向，知道要以什么结果引导员工的行为。

一切用数据说话，用绩效说话

强调结果，实际上就是一切要用数据说话，用绩效说话。因此，管理者在给员工安排工作任务或在召开工作会议时，一定要用数据说话，用绩效说话。

用数据告诉团队要达到什么工作目标。例如，“这个月我们团队的工作目标是完成 20 万元的销售额。”

世界上没有用来奖励员工工作忙碌、努力的报酬，所有的报酬都是用来奖励工作成果的。

明确每个人要完成的绩效。员工只有在知道自己要达成什么样的结果时，才会积极主动地工作。因此，管理者还应当明确告诉每位员工，他们应当完成什么绩效。例如，“小睿这个月要完成 4 万元的销售额。”

用结果来评价员工，因为结果而奖励员工

管理者要清楚地知道，世界上没有用来奖励员工工作忙碌、努力的报酬，所有的报酬都是用来奖励工作成果的。

用结果评价员工。结果是评价员工工作最公平的标准。员工如果没有达到结果，那就等于他的工作没有完成。尽管有一些企业会在乎员工的工作过程，但是他们最终考核的还是结果。所以，在管理工作中，管理者应当学会用结果来评价员工。这样才能让员工养成结果思维，进而激发他们进一步改进自己的行为，以达成最终的结果。

不要因为忙碌奖励员工，要因为结果奖励员工。奖励能够激发员工的主动性，能够让他们不断改进自己的行为。但是，管理者千万不要因为忙碌奖励员工，而要因为结果奖励员工。例如，章小万虽然没有达成工作结果，但是非常忙碌、努力。如果周总因此奖励她，那么团队的其他人也会效仿章小万的行为，不在乎结果，只在乎自己是否忙碌。这样下去，团队的业绩自然无法提升。管理者要知道，任何一个人都可以做到忙碌，但不是任何一个人都能达成最终的结果。所以，管理者在奖励员工时，一定要因为结果奖励员工，而不是忙碌。

最后，要提醒管理者，强调结果并非意味着要忽视过程。管理中有一个基本逻辑：“没有过程就一定没有结果，结果不对就一定是过程中的方法有问题。”所以，管理者在强调结果时，也要关注员工的工作过程。

为团队输入正能量词语

周总在一次会议上说：“就这样的工作态度，你们肯定达不到这个月的业绩目标。”会后，小鑫和章小万说：“我本来还有信心，周总这么一说，我觉得我们不完成才是对的，完成反而是奇迹。所以，我现在压根儿不想努力去达到目标。”

不少管理者在管理工作中喜欢用负能量词语与员工沟通。

负能量词语是指否定、消极的词语，如“不能”“不可以”“不行”“做不到”等。他们认为，只有这样才能让员工深刻认识到自己的不足之处，才能激励他们改进行为。

让员工认识自己的不足并激励员工改进行为没有错，但是如果管理者只会一味地用负能量词语与员工沟通，那么会大大降低员工的工作积极性，令员工无法改进自己的行为。因为，负能量词语会导致员工自我怀疑，不断否定自己。在这种心态下，员工自然无法更积极、主动地工作，无法改进自己的行为。

例如，周总在会议上说：“就这样的工作态度，你们肯定达不到这个月的业绩目标。”这句话中的“肯定达不到”就是典型的负能量词语。

一味地用负能量词语与员工沟通，会降低员工的积极性。

听到这样的词语，员工即便想努力达到目标，也会因为管理者这样说而丧失信心，或是因为管理者的不信任，而故意不达到目标，小鑫的想法就是如此。

所以，管理者要想激励员工改进行为，就要改掉经常使用负能量词语的习惯。当然，仅仅不使用负能量词语还不够，管理者还应当学会多为团队注入正能量词语。

德国著名抒情诗人、散文家海因里希·海涅在其著作《法国的现状》中说："言语之力，大到可以从坟墓中唤醒死人，可以把生者活埋，把侏儒变成巨无霸，把巨无霸彻底打垮。"可见语言力量的强大。因此，正能量词语给员工带来的激励，也是不言而喻的。

正能量词语是与负能量词语相对的，是肯定、积极的词语，如"你可以""你能行""相信你"等。给团队注入正能量词语，实际上就是给团队积极的暗示。心理学研究表明，积极的心理暗示能够更好地引导对方做出正确、积极的行为。

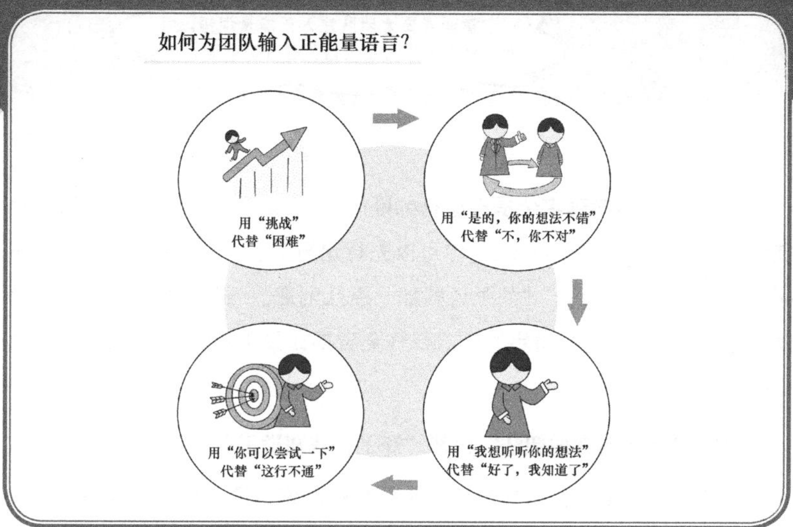

用“挑战”代替“困难”

人的大脑存在一种固化思维。例如，你一直和员工说这件事很困难，很难完成。那么，员工的大脑就会接收这种信息，认为这件事无论怎么努力也无法完成，进而不会采取任何行动。

相反，如果你将“困难”换成“挑战”，对员工起到的作用就完全不一样。例如。你和员工说：“这件事不简单，具有一定的挑战性。”员工为了证明自己的实力，便会积极地去做这件事。

所以，管理者在给员工安排任务时，要学会用“挑战”代替“困难”，以进一步激发员工的积极性。

用“是的，你的想法不错”代替“不，你不对”

不少管理者在听取员工的意见或想法时，遇到意见不合的情况，很容易脱口而出：“不，你不对。”这种负能量的语言，会严重打击员工的自尊心和自信心，进而导致员工无法改进行为。

管理者要为团队注入正能量词语，
就是要学会用肯定词语代替否定词语。

当然，有的管理者会提出这样的疑问：如果员工真的存在问题，也要说他是对的吗？当然不是。你可以先肯定员工：“是的，你的想法不错。”然后继续说：“如果还能加一点儿创意，逻辑再严谨一些，那就更完美了。”这种肯定的方式往往更容易让员工接受，也更能激励他们改进行为。

用“我想听听你的想法”代替“好了，我知道了”

你在工作中是否会遇到员工非常积极地和你分享工作并发表自己的看法时，你打断对方说：“好的，我知道了。”这其实也是一种负能量词语，会打击员工的积极性。

相反，如果管理者已经知道这件事，但还是说：“我想听听你的想法。”那么员工便会更积极地表达自己的想法。

所以，为了激发员工的积极性，引导他们改进行为，管理者应当多用“我想听听你的想法”代替“好了，我知道了”。

用“你可以尝试一下”代替“这行不通”

绝大多数成功源于不断的尝试。但是，管理者却常常和员工说“这行不通”。

例如，员工对管理者说：“领导，我想到一个比较有创意的方案……”管理者却说：“这行不通！”这时候员工会感到沮丧，很可能下次再也不愿意积极策划方案了。

相反，如果条件允许，管理者对员工说：“你可以尝试一下。”这个时候，员工会因为得到管理者的信任，而更加积极地工作，并不断改进自己的行为。

归根结底，管理者要为团队注入正能量词语，就要学会用肯定词语代替否定词语。管理者要知道，肯定词语是最能激励人的，能够帮助管理者引导员工做出更正确、积极的行为。

第 3 章

沟通心理学：建立双向对话，激发员工主动思考

与员工建立双向对话，能够让员工更好地思考和理解工作，在此基础上他们才能对工作进行建设性的认知，才能更好地展开行动。

01 建立对话的基础：构筑与员工的信任关系

小鑫对章小万说：“今天周总找我谈话了，问我最近是不是遇到什么事情了，导致工作状态不佳。”章小万问：“那你怎么说的？”小鑫说：“当然没有多说什么，再说我工作上也没有什么问题，而且我觉得与领导沟通还是不要过于坦诚，他不会真心帮助你。”

管理者和员工建立双向对话，是引导员工主动思考和行动的一种有效的管理方式。但是，很多管理者不这样认为，他们经常感到疑惑：“为什么我经常和员工建立双向对话，他们依然不会主动思考和行动？”

原因就在于：员工并不信任管理者，所以在双向对话中并没有真正投入。所以这种双向对话是无效的。信任关系是建立对话的基础。只有彼此信任，在双向对话中，双方才能坦诚相对。尤其是在管理者和员工之间，角色原本就是不对等的，员工很难信任管理者。当员工不信任管理者时，他可能会在工作中表现出以下行为。

无论管理者怎么说，员工都认为是在损害自己的利益。

不愿意坦诚地表达自己的想法，甚至刻意隐瞒。

当员工不信任你的时候，对话就是无效的。

无视管理者的话，在工作中仍然一意孤行。

即便管理者承诺会奖励员工，员工也会无动于衷。

员工的这些行为说明管理者与他的对话是无效的，无法引导他思考并行动。所以，管理者要想通过建立双方对话引导员工主动思考并行动，首先就要学会构建与员工的信任关系。

即便意见不一致，也要尊重员工的表达权

管理者要清楚地知道，在与员工建立双向对话时，比起意见是否一致，构建信任关系更为重要。因此，管理者为了构建与员工的信任关系，即便你们的意见不一致，也要尊重员工的表达权。

不要立即驳斥对方。立即驳斥对方，信任关系会随之破灭，对话也会立即失效。例如，管理者驳斥员工：“你这样的想法太不切实际了。”员工听到管理者这样说，会认为管理者不信任自己，进而会降低对管理者的信任。在这样的心态下，员工既不愿意继续表达自己的意

见，也不愿意再听管理者的任何想法和建议。相反，如果管理者对员工说："你的这个想法我完全没有想到，我想听你深入谈一谈。"管理者同样是在表达员工的意见与自己的不同，但是这样说，更能让员工感受到管理者对其尊重和信任，进而愿意信任管理者，继续对话。

禁止小动作，认真倾听。当员工在表达意见时，管理者不要一直面对电脑，更不要不停地拨弄手机，或者做其他小动作。这些表现会让员工觉得管理者根本不在乎自己说了什么，进而很难构建信任关系。

有意识地配合对方

人们在遇到与自己的想法、行为很相似的人时，会更愿意信任对方，更愿意与对方沟通。心理学上把这种心理叫"默契"。所以，管理者要想与员工构建信任关系，应当学会与员工形成这种默契。

如果员工的语速比较慢，那么管理者也应当放慢语速，慢慢说话。

如果员工是比较感性的人，那么管理者就应该动之以情。

如果员工是说话比较严谨的人，那么管理者说话时就要逻辑严谨。

……

总而言之， 管理者在与员工建立对话的过程中， 要注意观察员工的一言一行， 以更好地配合员工。 只有让员工感受到你们之间的默契，员工才愿意信任你， 愿意坦诚地与你沟通。

承诺员工的事情一定要做到，否则不要轻易承诺

管理者除了要在与员工建立双向对话时， 构建与员工的信任关系，还应当在平时的工作中， 构建与员工的信任关系。

承诺的事情一定要做到。在心理学上， 信任是一种心理层面的活动交流， 是个人在权衡他方和己方的利益关系后， 双方相互做出承诺而建立的一种人际关系。这种人际关系一旦有一方不能履行承诺，就会破灭。所以， 管理者承诺员工的事情一定要努力做到， 否则不要轻易承诺。

无法兑现承诺的时候，要做出解释并弥补。当然， 管理者可能会因为某些特殊原因无法兑现对员工的承诺。 这个时候管理者应当及时向员工解释， 说明无法兑现承诺的原因， 并想办法弥补员工。

02 对话之前，共享对话必要的前提信息

章小万把小睿叫到办公室说："你写一篇新产品的营销方案，发到微信公众号上。"小睿说："好的。"第二天章小万再次把小睿叫到办公室，有些生气地说："我昨天等到下班都没有看到你在微信公众号上发营销方案，昨天工作很忙吗？不能先写营销方案吗？"小睿很委屈地说："我昨天工作的确很多，而且你也没有让我昨天发，也没有说很着急。"

爱尔兰著名剧作家乔治·伯纳德·萧（George Bernard Shaw）曾说："沟通最大的问题在于人们想当然地认为自己已经沟通了。"例如，章小万和小睿说："写一篇新产品的营销方案，发到微信公众号上。"她以为这样就是在和小睿沟通了。但是，小睿并没有达成章小万想要的结果。也就是说，她们之间的沟通是无效的。这样的无效沟通，显然无法引导员工积极思考并行动。

为什么她们之间的沟通是无效的？因为她们在对话之前没有共享必要的前提信息。

沟通最大的问题在于管理者想当然地认为自己已经沟通了。

共享信息是建立双向对话的关键要素。没有信息，双方之间就无法建立联系，进而无法顺利地展开对话。这其实就是我们常说的信息不对称。这种信息不对称的对话，会给工作带来很多负面的影响。

员工无法准确理解管理者的意图。例如，章小万没有告诉小睿，方案需要在当天发且比较紧急，进而导致小睿没有达成她想要的工作结果。

无法更好地协调工作。例如，小睿没有告诉章小万，当天她手头的工作比较多。这会让章小万误以为小睿有空写方案。在这种情况下，她们自然无法更好地协调工作，进而导致无法达成想要的结果。

浪费时间和金钱。管理者在与员工进行对话之前，没有共享必要的前提信息，会导致员工存在认知障碍，做出错误的行为。这种错误的行为一方面会影响工作的进度，另一方面很可能造成经济损失。

所以，为了避免出现以上问题，管理者在与员工进行对话之前，必须共享对话必要的前提信息。

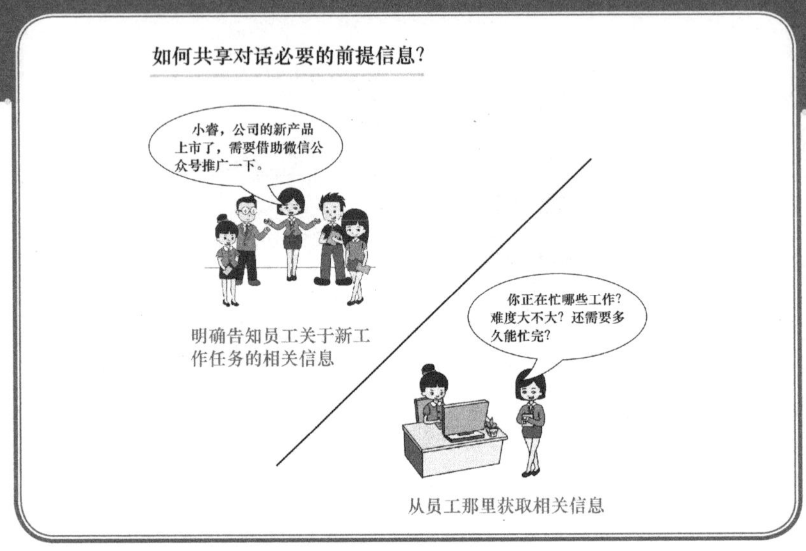

明确告知员工关于新工作任务的相关信息

具体来说，管理者在给员工安排新的工作任务时，应明确告知员工以下相关信息。

团队的工作理念和价值观。员工只有理解团队的工作理念和价值观，才能明确工作任务的意义，才能进一步理解管理者的意图。

意义。管理者在传达工作任务时，要明确告诉员工该工作任务对团队的意义，对企业的意义。例如，“你能不能保质保量地完成这个任务，决定了我们团队这个月是否能达到业绩目标，是否能取得突破性的进展。”

背景。例如，章小万对小睿说：“公司的新产品上市了，需要借助微信公众号推广一下。”这样，小睿就能理解这是一件紧急的事情，进而会想办法优先处理这件事。

规则。除了我们前面说的团队的规则之外，针对不同的工作任务也

在对话之前，要共享对话必要的前提信息，这句话的关键不仅在于“前提信息”，而且在于“共享”。

会有不同的规则。例如，章小万可以对小睿说：“写推广文案的时候可以参考其他公司的推广文案，但是不能照搬，一定要注意版权问题。”

目标。任何工作都有目标，而且只有明确了目标，员工才能积极行动起来，才知道朝哪个方向展开行动。例如，章小万可以对小睿说：“希望这篇文案的阅读量能达到 10 万。”

预算。这里的预算是指经费，也指时间或其他。因为不是每一个工作任务都需要经费才能开展。例如，小睿写公众号文案就不需要经费。小睿需要的是时间及产品相关的资料。这时候章小万可以和小睿说：“今天下班之前要发出去。新产品的相关资料我会发到你的邮箱。”这样说，更便于小睿理解新的工作任务并积极行动起来。

从员工那里获取相关信息

在对话之前，要共享对话必要的前提信息。这句话的关键不仅在于“前提信息”，而且在于“共享”。如果只是管理者分享信息给员工，但是无法获取员工的相关信息，那么信息依然是不对称的，对话依然无效。所以，管理者还应当学会从员工那里获取相关信息。

对话之前，管理者需要从员工那里获取的主要信息是员工当前的工作情况，如工作量及工作时间。例如，章小万在给小睿安排工作任务时，可以问她：“你手上正在忙哪些工作？难度大不大？还需要多久才能忙完？”这样章小万就能清楚地知道，小睿是否有时间写文案，进而可以做出合理的工作安排。在合理的工作安排下，员工才会积极思考并行动。

03 有效提问，挖掘员工更多的想法

小旭最近经常被客户投诉，因此对工作也失去了干劲。章小万找小旭面谈，问道：“你有没有想过为什么会被客户投诉？”小旭说：“每次给客户的方案都会出现各种纰漏。”章小万继续问：“那你认为这个问题能解决吗？”小旭说：“我觉得可以。”章小万接着问：“你认为该如何解决？”小旭沉思了一会儿说：“我不能急于求成，我要注意工作中的每一个细节……”

优秀的管理者都懂得用提问引导员工主动思考和行动，而且这种方式非常有效。例如，面对小旭被客户投诉的问题，章小万没有直接批评也没有直接给出建议，而是通过提问的方式引导小旭思考。当小旭通过自己的思考得到答案后，他便会积极行动起来。

从心理学角度看，有效提问往往能调动员工的潜能，促进他们认真思考问题，努力寻求解决问题的方案，从而激发员工的主动性和干劲。所以，作为管理者，在与员工建立双向对话时，还要学会进行有效提问。

这里强调的是有效提问。换句话说，不是任何问题都能引导员工思

通过有效提问引导员工，
能够挖掘员工更多的想法。

考，挖掘员工更多的想法。具体来说，管理者要想进行有效提问，首先必须遵循以下几个提问原则。

难度适宜。管理者提问时必须根据员工的实际能力、积累的知识、工作经验、领悟能力等，提出难度适宜的问题。例如，问新入职的员工对团队近几年发展的看法，就是一个难度比较大的问题。

启发员工思考。提出的问题一定要能启发员工思考，否则问题就是无效的。例如，在员工请求帮助的时候，管理者问员工："这个问题不简单吗？"这样提问不仅不能启发员工思考，反而会让员工丧失信心，进而更无法主动思考和行动。

问题有层次。管理者提出的问题一定要有层次感，不能上一秒问员工："你认为该如何解决这个问题？"下一秒又问员工："你之前为什么会采取那种做法？"这种天马行空式的提问，只会干扰员工的思维，导致他们无法主动思考。

以上几个原则是有效提问的基础。管理者要想通过有效提问，挖掘员工更多的想法，引导他们主动思考和行动，还应当注意以下几点。

明确提问目的：不要问自己想听的，要问能激发员工思考的

不少管理者在提问员工时，喜欢问自己想知道的。如果管理者只是问自己想知道的，那么员工只会按照管理者的思路去考虑问题，不会自己主动思考。所以，管理者为了引导员工主动思考和行动，就要明确提问目的，多提能激发员工思考的问题。

例如，员工犯错。这个时候管理者提问员工的目的是，让他们认识到自己的错误并思考如何改正错误。

如果管理者问员工："你为什么犯错？"那么，员工可能感受到的是管理者的责备。在这种情况下，他们很可能会回答："我认识到自己错了，我下次一定改。"实际上，他们只是为了避免被责骂，

管理者要想明确提问目的，在提问员工之前就要先问自己以下两个问题：我为什么提问？我到底希望员工认识到什么？

他们根本不知道自己哪里错了，更不知道如何改正。

相反，如果管理者问员工："你知不知道自己哪里做得不对？你从这件事中学到了什么？接下来，你打算如何做？"这个时候，员工就会聚焦自己的错误行为，并认真思考自己如何改正，下一次应该怎么做才能规避这种错误的行为。这才是管理者提问的最初目的，才能激发员工主动思考。

所以，管理者在提问之前，一定要明确提问的目的。管理者要想明确提问目的，可以在提问之前先问自己以下两个问题。

我为什么提问？

我到底希望员工认识到什么？

这两个问题将给你指明提问的方向和内容，确保可以通过提问正确引导员工思考和行动。

掌握两种基本的提问方式：封闭式问题和开放式问题

提问方式大致可以分为两类：封闭式问题和开放式问题。

封闭式问题是指在提问的同时还提供答案，由回答者根据自己的实际情况选择问题的答案。简单来说，可以用"是""不是""可以""不可以"等来回答。

开放式问题与封闭式问题是相对的，是指提问的时候没有答案，被提问者需要深入思考后才能给出答案。也就是说，不能用"是""不是""可以""不可以"等来回答。

相比较来说，开放式问题更能引导员工主动思考。但是，真正会提问的管理者，通常会将两种提问方式结合起来。

管理者要学会在提问的同时传递自己的想法，以引导员工向正确的方向思考和行动。

用封闭式问题打开对话。封闭式问题容易回答，员工比较乐于接受这种提问方式，因而问题的被回答率较高。所以，管理者可以采取封闭式问题打开对话，让员工能够轻松进入对话中。例如，管理者问员工：“你最近工作上有没有遇到什么问题？”

用开放式问题引导员工深入思考。管理者与员工展开对话后，便可以用开放式问题引导员工进一步思考。开放式问题可以用“为什么”“怎么样”“什么时候”“什么地方”“如何做”等提问词。例如，管理者问员工：“你打算如何实施这个项目？”这样员工就会进一步思考，并且积极策划项目的实施方案。

提问的同时传递自己的想法

管理者提出问题的时候，员工会开始思考并表达自己的想法。这个时候，管理者要学会在提问的同时传递自己的想法，以引导员工向正确的方向思考和行动。

例如，在员工表达自己的想法后，管理可以问：“你想要这么做吗？”“调整一下这里，会更好是吗？”“再添加一个……怎么样？”这种提问方式就是在提问的同时传递自己的想法，更能够引导员工向正确的方向思考和行动。

有效聆听，发现员工自己说出的心理动机

章小万最近忙得焦头烂额，每天都过得十分焦虑。于是她主动和周总说："周总，我觉得我的能力有限，我一个人根本没有办法同时搞定两个项目，而且这两个项目的难度都很大。再这样下去的话，我感觉我要崩溃了。"周总回答说："所以，你平时还是要多学习，提升自己的能力。"章小万听完之后更加生气了。

管理心理学中有一个定理叫"威尔德定理"。该定理是由英国著名管理学家 L. 威尔德（L.Wilder）提出的，是指有效的沟通始于聆听。此外，美国著名研究者凯瑟琳·丁迪亚（Kathyyn DIndia）和邦尼·肯尼迪（Bonnie Kennedy）也曾做了聆听方面的相关实验。他们给 143 名大学生每人配备了一台电脑，并要求他们每天出门必须携带。这些电脑被设定在每天早上 7 点至晚上 11 点随机选择 6 个时间点发出滴滴声。每次电脑发出声音时，这些大学生就要记录他们正在做的事情。研究者在研究这些大学生所做的记录时发现，在所有记录下来的沟通行为中，聆听是被提及最频繁的。

没有听出员工的心理动机，
将无法引导员工主动思考和行动。

本田汽车创始人本田宗一郎在其自传《爽快啊！人生》一书中，记录了一件令他终生难忘的事情。

一次，本田公司的一位高级人才罗伯特来找本田宗一郎。当时，本田宗一郎正在办公室休息。罗伯特拿着自己精心设计的新车型给本田宗一郎看："老板，您看看，这个车型真的非常棒。上市后，一定会受到消费者的青睐……"

罗伯特说完后，本田宗一郎并没有反应，于是他只好将图纸收起来，走出办公室。正在休息的本田宗一郎感觉不对劲，于是赶紧叫了一声"罗伯特"，但是罗伯特连头都没有回。

第二天本田宗一郎将罗伯特邀请到自己的办公室。罗伯特见到本田宗一郎的第一句话是："尊敬的本田先生，我已经买了返回美国的机票。谢谢您这两年对我的关照。"

本田宗一郎非常诧异地问："什么？这是为什么啊？"

罗伯特坦言："我离开您的原因是因为您昨天从头到尾根本

如何才能实现有效聆听?

创造良好的聆听环境

站在员工的角度去听

给出适当的回应

认真记录

> 没有听我说话……所以，我就改变主意了！”
>
> 罗伯特回国后把自己的设计拿去了福特公司，福特公司的领导非常喜欢他的设计并按照这个设计推出了新的车型。结果，新车型的上市给本田汽车带来了不小的冲击，使其销量出现明显下滑。

罗伯特的动机很简单，希望本田宗一郎认真看看自己的设计并给出建议。但是本田宗一郎并没有认真聆听罗伯特说的话，更不用说听出他的动机了。最终，本田宗一郎不仅痛失一位骨干，还给企业带来了巨大的损失。

所以，作为团队的管理者，一定要善于聆听，学会听出员工的动机。听出员工的动机，才利于进一步引导员工主动思考和行动。

创造良好的聆听环境

适当的地点。为了更好地聆听员工说话，管理者在选择对话地点时，

只有给出适当的回应，对方才能感知你在认真倾听，才愿意更加积极主动地表达自己。

应当确保说话时免受打扰和干扰。例如，可以选择在会议室或茶室，并且要把门关上。

适宜的时间。 管理者要根据与员工对话的内容及难易程度选择适宜的对话时间。一般来说，人们工作效率最高的时间在上午。因此，管理者应该把重要且复杂的对话放在上午进行，以便自己能够有效聆听。

站在员工的角度去听

管理者与员工本身就存在身份差异和认知差异，这决定了看待问题的角度和解决问题的方式不同。所以，管理者要想通过聆听发现员工的动机，就要学会转换自己的身份。例如，管理者在听到员工表达想法的时候可以问自己："如果是我的话，我是不是也会这么想？也会做出这样的行为？"只有转换身份去聆听，管理者才能听进去员工说的话。

真正意义上的聆听，用的不只是耳朵，更要用心、用脑、用眼睛去听。简单来说，管理者要专心而有鉴别地去听，这样更利于发现员工的心理动机。例如，章小万跟周总说："我觉得我的能力有限，我一个人根本没有办法同时搞定两个项目。"章小万虽然是在说自己能力不足，实则在表达自己的工作量太大。如果周总说："那我们来讨论一下怎么调整工作才能帮助你减轻压力。"那么章小万则会因为周总发现了自己的需求而感到开心，进而会主动思考，积极寻找减轻压力的方法。

给出适当的回应

有效的聆听不只是听，还要给出适当的回应。因为只有给出适当的回应，对方才能感知你在认真倾听，进而才愿意更加积极主动地表达自己。

所以，管理者在聆听的过程中，要懂得给予员工适当的回应。具体来说，有效的回应有以下几种形式。

通过语言或肢体语言回应。例如，点头，或“我知道”“非常对”等类似回应，这样能恰到好处地向员工表示你在认真倾听。

转述自己的理解。根据自己的理解，阐述员工表达的信息。例如，员工说：“我定了目标，但是我没有信心可以达到。”管理者可以回应说：“你定了目标，但是你担心无法达到是吗？”这种方式既可以表示你在认真聆听，也可以确保你理解了员工说的话。

告诉他你理解他。这种回应其实就是与员工产生情感共鸣，让员工可以更尽情地表达自己。例如，“我非常理解你的感受，如果我是你，我也会这么做。”

以上几种都是促进有效聆听的回应方式，具体采取哪种方式回应，要根据员工表达的具体内容来定。

认真记录

认真记录是有效聆听的关键，也是管理者容易忽视的环节。不少管理者认真听了员工说的话，发现了员工的心理动机，但是由于他们工作繁忙，经常会忘记。这也属于无效聆听。

因此，管理者在聆听员工的时候，最好用笔记本或手机备忘录做好记录。这样做，一方面表明你很重视与他的对话，另一方面也可以记录一些重要的想法、问题，以免遗忘。

05 关注“怎样”，而不是“为什么”

小鑫去见客户的时候拿错了资料。客户对此感到非常不满，打电话给周总投诉：“我特地安排时间与你们谈合作，你的员工竟然拿错资料。我对此感到很气愤，所以关于合作的事情我需要再考虑。”挂完电话周总便把小鑫叫到办公室，气愤地说：“你为什么会拿错客户的资料？你见客户之前为什么不能仔细检查一下？”小鑫摇摇头说：“不知道”。然后低头一言不发。

很多管理者在与员工对话的时候，喜欢用“为什么”这个疑问词。在他们看来，只有用这种提问方式，才能让员工认识到自己错误的行为并积极改进自己的行为。我们在日常工作中经常听到管理者和员工说“为什么你会犯这种低级错误？”“为什么客户会投诉你？”“为什么就你一个人完不成业绩？”

管理者提问的目的是找到问题背后的关键原因，以帮助员工解决问题，改进行为。但是，管理者会发现，当他们不停地问“为什么”的时候，员工更多的是不理睬甚至反抗，根本不会积极改进自己的行

用“为什么”提问会让员工产生压迫感，不利于帮助员工改进行为。

为。相反，如果他们更关注“怎样”，问员工“怎样才能解决这个问题？”“怎样才能解决客户投诉？”“怎样才能提升绩效？”等问题，员工会积极参与讨论问题，而且会主动思考并改进自己的行为。

所以，比起问员工“为什么”，更多地关注“怎样”，更能激发员工的主动性，引导员工改进行为。

使用“为什么”容易打击员工的积极性

心理学研究表明，用“为什么”疑问句进行对话，很容易给对方造成一种压迫感，会导致对方产生强烈的抵触心理。在这种心理状态下，对方自然不愿意接受你说的任何话，更不会积极行动起来。

例如，周总问小鑫：“你为什么会拿错客户的资料？你见客户之前为什么不能仔细检查一下？”虽然小鑫只是摇摇头说不知道，但是他的内心可能有以下想法：

我就是弄错了，我怎么知道为什么。

我知道我做错了，但是你这么逼问我能解决问题吗？

再这么逼问我，我也不想管了，领导想怎么解决就怎么解决吧。

大不了扣工资或辞退我。

对于有个性的新生代员工而言，小鑫有这样的想法很正常。有了这样的想法，小鑫显然不会积极、主动地思考如何解决问题，只会想着如何逃避这件事。所以，优秀的管理者在与员工对话时，很少会问员工“为什么”，而是会问员工“怎样”。例如，周总可以问小鑫：“你觉得拜访客户之前，怎样做才能不出错？”小鑫的关注点就会被引导到思考“怎样做才能不出错”上。这样既能避免打击员工的积极性，又能更好地引导员工改进行为。

比起勉强的理由，思考的过程更能激发员工主动行动

当管理者问员工“为什么”时，员工通常会有两种回答：一是和小鑫一样，回答“不知道”；二是给出一个勉强的理由。

例如，小鑫可能回答：“因为我最近负责的客户太多了。桌上一堆资料，所以拿错了。”当然，如果这是问题的本质，那么章小万可以通过减少工作量的方式来帮助小鑫解决问题。但是，管理者要注意，这不是你想要的答案，因为当前的问题并没有解决。

实际上，管理者真正想解决的问题是：

怎样才能解决客户投诉的问题？

这个解决方案是不是可以？

怎样才能找到更好的解决方案？

怎样才能确保员工在后面的工作中不犯同样的错误？

管理者只有针对这些问题进行提问，才能激发员工进一步思考解决方案并积极行动起来。所以，比起问员工“为什么”而获得一些勉强的理由，不如问员工“怎样”，让员工去思考，更能激发员工行动起来。因此，在日常与员工进行对话时，管理者要学会改变自己的思维，多关注“怎样”，而不是“为什么”。

06 改变员工视角的重要问题

章小万说：“我认为新产品投放 A 市场比较合适，因为 A 市场的人流量大。”周总思考了一会儿说：“A 市场的人流量相对来说比较大，但是他们的消费水平比较低，而我们的产品是中高端产品。”章小万说：“薄利多销也可以。”周总说：“如果你是营销总监的话，你们主打中高端产品，你会采取薄利多销的营销策略吗？”章小万想了想说：“应该不会。薄利多销会降低品牌价值，我们可以选择一个中高端市场。”

看问题的视角，往往决定了你能否做出正确的判断和决策，决定了你是否能主动思考并解决这个问题。所以，对于管理者而言，要想引导员工向正确的方向主动思考并行动，就应当在对话的过程中改变员工的视角。

视角，简单来说就是看问题的角度。但是，我们这里所说的角度，更强调的是要学会站在更高层面及不同的方面看待问题。在管理工作中，管理者之所以常常与员工的想法不同，正是因为管理者与员工看问题的

只有改变员工的视角，才能引导员工向正确的方向思考并行动。

层面和角度不同。

例如，章小万建议“新产品投放 A 市场比较合适，因为 A 市场人流量大”。章小万考虑更多的是人流量的问题，没有考虑公司的产品定位，所以选择了 A 市场。所以，管理者要深刻认识到，很多时候并不是员工的能力不足，而是他们看待问题的角度不同。这个时候，管理者要做的不是驳斥他们，而是要想办法改变员工的视角。

其实，改变员工的视角并非一件困难的事情。管理者在与员工对话时，可以通过以下问题改变员工的视角。

“如果是……的话……你会……”

当员工因为某个问题陷入困境或者员工的想法存在不妥之处时，管理者可以用“如果是……的话……你会……”这样的句式来引导员工改变看待问题的视角。例如，案例中的周总采取的就是这种句式。

这个句式除了可以引导员工改变看待问题的视角外，还可以进一步

引导员工深入思考，改变自己的行为。例如，周总可以继续问章小万："如果要选择一个中高端市场的话，你觉得哪个市场比较合适?"这样能进一步激发章小万主动思考和行动。

"如果你是领导，你怎么看这个问题?"

前文提到，团队中每个人都有领导力，管理者应当学会转换身份，激发员工的领导力，进而激发员工的主动性。实际上，管理者不仅可以通过转换身份激发员工的领导力和主动性，还可以通过转换身份来改变员工看问题的视角。管理者可以提问员工："如果你是领导，你怎么看这个问题?"

例如，员工每个月都无法达到个人业绩目标。这时管理者可以找员工单独面谈并问员工："如果你是领导的话，你怎么看待员工每个月都无法达到个人业绩目标这个问题?"这时员工就会转换角度，站在管理者的角

度上思考问题。员工思考的过程其实就是自己寻找解决方案的过程。当员工主动思考并找到解决方案时，他就会主动做出改变。相反，如果管理者自己站在领导的角度上提出建议，要求员工改变，效果就会大打折扣。

“如果当前的问题无法解决的话，你会怎么做？”

不会转换看待问题的视角，很容易让人钻牛角尖。例如，管理者交代员工一项紧急的任务，要求员工必须用一天的时间完成。但是对于员工来说，一天的时间显然不够。于是，他向领导抱怨：“一天的时间根本不够，我无法完成。”也就是说，他们会因此丧失工作动力。

其实，这个问题只要换个角度就可以轻松解决。

管理者可以问员工：“如果现在只有一天的话，你觉得怎么做才能完成这项紧急的任务？”这时候员工就会思考解决方案。这个方案可能是寻求其他人的帮助，也有可能是加班。但是无论哪一种方案，都解决了这个问题。

所以，当员工非常执着于某个问题时，管理者不妨问员工：“如果当前的问题无法解决的话，你会怎么做？”当然，管理者要根据问题的具体性质来提问。如果问题真的不好解决，那么就要采取其他方式改变员工看待问题的视角，引导员工主动思考，寻找解决方案。

实际上，改变员工看待问题的视角，就是要通过提问的方式做出各种假设。例如，“假设你是客户，你会怎么看？”“假如你是主管，你会采纳这个方案吗？”等。在这样的假设下，员工就会转换看待问题的视角，主动思考和行动。

07 引导员工把动机转换成行动

刚入职不久的新员工走进章小万的办公室说：“主管，我想离职。”章小万有些惊讶地问：“为什么突然想离职？”新员工说：“最近几个月几乎每天都要加班，太累了。我想找一个轻松的工作。”章小万说：“你会每天做工作计划吗？”新员工摇摇头。章小万接着说：“其实以你的能力完全可以在下班之前搞定这些工作。但是你不做计划，东忙一会儿西忙一会儿，最后必定要加班。所以，你要想工作轻松其实很简单，计划好每一天的工作，做好时间管理就可以。”

管理者与员工建立双向对话的最终目的是发现员工的动机，并引导员工把动机转换成行动。所以，管理者要切记，在与员工进行对话的过程中，员工说出的每一句话，都可能隐藏着员工的动机。你要做的是发现动机、记录动机，并想办法把这些动机转化成行动。

员工说出的每一句话，
都可能隐藏着员工的动机。

实际上，已经有很多管理者认识到员工的动机会对员工的行为产生影响。但是，他们仅仅是停留在认识层面，他们不懂得如何引导员工把动机转换成行动，甚至想直接改变员工的动机。

例如，员工说："我想辞职……我想找一个轻松的工作。"不少管理者可能会回答："不要总是想着找轻松的工作。你不努力，任何工作对你来说都不会简单。所以，不要想着离职，还是想想怎么提高自己的能力吧。"管理者让员工不要想着找轻松的工作，其实就是试图改变员工的动机。这种说法只会让员工产生逆反心理，更坚定离职的决心。

心理学研究表明，人的动机很难被轻易改变。所以，管理者不要试图通过改变员工的动机改变员工的行为，这样只会适得其反。虽然人的动机不能轻易被改变，但是动机背后的行为是可以改变的。例如，章小万和新员工说："你要想工作轻松其实很简单，计划好每一天的工作，做好时间管理就可以。"章小万没有改变新员工想找一份轻松的工

作的动机，只是通过对话巧妙地将“离职”转变成了“做计划”“做时间管理”。简单来说，就是将新员工的动机转变成了行动。这样既能打消新员工离职的念头，又能激发他主动思考并行动。

所以，对于管理者来说，在与员工对话的过程中，学会引导员工把动机转换成行动也是一项非常重要的工作。

整理听到的动机

我们一直强调要通过建立信任关系、有效提问以及有效聆听，听取员工的想法，并引导员工主动思考和行动。这里的想法其实就是员工的动机。因此，在对话进行到尾声时，管理者要学会整理在整个对话过程中听到的动机。

对话过程中，哪些话有可能藏着员工的动机?

“啊！我意识到这件事是可以换个方法去做的。”

当员工清楚地知道自己每天要做什么，要如何去做时，他们便会更主动积极地行动起来。

“现在要是有人能协助我就好了。”

“到现在为止，我一直在考虑这个方案是不是行得通，是不是还有更好的解决方案。”

“如果时间、资金充裕的话，我想尝试 B 方案。”

……

这些话里面其实就藏着员工的动机。例如，“如果时间、资金充裕的话，我想尝试 B 方案”，这句话说明员工的动机是希望有充裕的时间和资金，这样他才能积极行动起来，尝试 B 方案。因此，管理者在与员工对话时要及时记录并整理听到的员工的动机，以便有针对性地激发员工的动机，引导他们的行动。

掌握引导的方法

在整理好员工的动机后，下一步要做的就是掌握引导方法，结合员工的动机引导员工行动。

引导员工的方法其实很简单，只要问员工以下 3 个问题就可以。

你有没有发现你还有提升的空间？

你现在有没有新的想法？

你之前的想法与现在的想法有什么不同？

第一个问题可以引导员工审视自己，认识自己当前存在的问题；第二个问题可以激发员工深入思考，改进行为，主动寻找更优的解决方案；第三个问题，相当于一个简单的复盘总结，可以让员工认识自己的成长及明确改进行为的方向。这 3 个问题是循序渐进的，可以从思想层面深入引导员工改变行为，激发员工主动行动。

用行动计划引导员工行动起来

计划往往决定行动。管理者同样可以通过提问的方式，引导员工制订行动计划并行动起来。

管理者可以问员工以下3个问题。

你当前正在做什么？

什么时候开始做的，什么时候能结束？

如何确保在截止时间前高质量地完成任务？

这些问题能够引导员工将自己的行为具象化、具体化。这个时候，管理者还可以进一步引导员工根据自己的工作情况制订合适的行动计划。例如，员工可以每天做“行动清单”。

8:00 ~ 8:20 回复邮件；

9:00 ~ 10:00 给客户打电话约定见面时间；

10:00 ~ 10:30 准备见客户的资料；

11:30 ~ 12:30 写推广文案；

……

当员工清楚地知道自己每天要做什么，要如何去做的时候，他们便会更积极主动地行动起来。这其实就成功地将员工的动机转换成了行动。

建立双向对话的 9 个关键言行 08

章小万非常生气地对小鑫说：“我真的太生气了！我向周总汇报工作的时候，他一直在与别人语音聊天，根本没有听我在说什么。”

细节决定成败，在管理者与员工对话的过程中，也是如此。管理者的一言一行，都会影响对话的效果。例如，章小万向周总汇报工作时，周总并没有认真听。在这种情况下，章小万显然没有继续说下去的动力。

在实际对话过程中，管理者很少关注自己的言行。但是，行为心理学研究表明，决定对话是否有效的关键在于自己的言行。如果自己的言行不妥，就会给对方造成一种轻浮、不尊重、不认真的感觉。有了这种感觉，对方自然不愿意继续说下去。所以，管理者要想通过建立双向对话引导员工思考和行动，就要注意自己的一言一行。

具体来说，管理者应当注意以下 9 个关键言行。

（1）积极反馈

使用语言积极反馈。在与员工对话的过程中，管理者一定要积极反馈，让员工知道你在认真聆听。这样员工才愿意继续表达，对话才能

管理者的一言一行，
都会影响对话的效果。

顺利进行。例如，“是这样的吗？”“是的，我也这么认为。”“对，就是这样的。”“我认同你的说法。”

使用肢体语言积极反馈。除了语言外，管理者也可以用肢体语言积极反馈，表示你在认真聆听。例如，身体微微向前倾、微笑、点头等。

（2）传递你的情绪

新生代员工有很强烈的情感需求。如果管理者在与员工对话时表现得严肃、冷漠，也会影响员工的表达。因此，管理者在跟员工对话时，还要懂得传递自己的情绪，让员工感受到你的热情和温暖。传递自己的情绪同样可以用语言和肢体语言两种形式。

用语言传递情绪。例如，“你的这个想法令我感到震惊，简直太有创意了！”“我很高兴你能有这样的想法。”

用肢体语言传递你的情绪。例如，开心地竖大拇指、鼓掌等。

（3）扩展可能性

引导员工主动思考并行动，其实就是要通过对话扩展员工更多的可能性。因此，在与员工对话的过程中，管理者要想办法扩展员工的可能性。例如，“这件事该如何做？”“这件事是不是还有更好的处理方法？”

（4）给出有针对性的建议

在员工表达想法之后，管理者也应该给出有针对性的建议。这样才能促进员工思考和行动。例如，“如果这样做的话，你觉得怎么样？”“这个方案再调整一下如何？”

（5）提出明确的要求

明确的要求更能促进员工主动思考，积极行动。因此，管理者要想员工有正确、主动的行为，还应当在对话的过程中，对员工提出明

确的要求。例如，“这周三就要完成任务，你能不能搞定？”“这个客户一定要拿下来。”

（6）确定员工是否理解

前文提到，管理者存在激发员工干劲的误区：以为员工听懂了。所以，管理者要想激发员工主动思考和行动，一定要确保员工听懂了你说的话。例如，管理者可以在表达完一个观点、建议或在对话结束时问员工“你能用你的话解释一下你的理解吗？”“我再讲一遍，如果你还有感到疑惑的地方，可以继续问我”。

（7）了解员工思考的过程

了解员工思考的过程，也是引导员工思考和行动的关键。管理者知道员工是如何思考的，便能发现员工的问题和优势，进而可以有针对性地引导员工。

例如，管理者可以问员工：“你是如何想到这个解决方案的？”员工可能会说：“因为看了某篇文章而来的灵感。”

如果员工的方案是可行的，那么管理者可以说：“这个方法不错，下次可以多尝试。”这样能进一步激励员工思考和行动。如果这个方式欠妥，那么管理者可以说：“灵感创意不错，如果还能在此基础上优化一下，效果是不是会更好？”这样也能引导员工思考和行动。

（8）检验员工看待问题的视角

前面我们提到要学会转换员工看待问题的视角，以激发员工主动思考和行动。实际上，在对话过程中，管理者要时刻检验员工看待问题的视角，这是建立对话的关键。因为只有了解员工看问题的视角存在什么问题，管理者才能采取措施转换员工的视角，才能激发员工思考和行动。

（9）鼓励员工表达

对话是双向的。也就是说，只有管理者一个人说话的对话是无效的。员工也积极表达自己的想法，管理者与员工的对话才能有效进行。因此，鼓励员工表达也是建立双向对话的关键。例如，“你有什么想法都可以说。”“想法没有对与错，我们可以互相分享。”“想法越多越好，这样我们才能找到更合适的方法。”

第 4 章

授权心理学：赋予员工参与感和成就感

简单、直接的能够激发员工工作干劲的方法就是对员工进行有效授权，即让员工去做他们应该做的事情。

01 授权，让自主力发挥高效作用

章小万安排小旭与一个重要的客户洽谈合作事宜，并嘱咐小旭说："我们这次准备了两个方案，一个A方案，一个B方案。A方案获得的利润更多。具体执行哪个方案，要根据与客户洽谈的实际情况来定。"小旭说："如果客户不同意A方案，我需要电话向您确认是否执行B方案吗？"章小万说："当然不用。你和客户谈，你最了解情况，最终如何选择你说了算。"小旭开心地说："好的，我明白了。"

在职场中，你是否经常看到这样的场景：

到了下班时间，员工纷纷收拾东西下班。此时，管理者还在办公室加班，有一堆忙不完的事情。

这个时候管理者会想：为什么我自己忙得焦头烂额，团队的员工却很清闲？为什么他们没有工作动力？导致这些问题出现的主要原因是管理者不懂得授权。当管理者不懂得授权时，团队的大小事务都需要管理者亲力亲

为，自然会忙得焦头烂额。同时，员工如果得不到授权，就会对管理者产生依赖，不会主动、积极地完成工作任务。

何谓授权？简单来说，授权就是指管理者向员工下放权力和责任的一种管理方法。授权意味着员工获得了管理者的授意，可以自主地完成特定的工作任务，获得相应的利益，同时也承担相应的责任。

零售巨头沃尔玛公司的创始人山姆·沃尔顿（Sam Walton）曾说：“一名优秀的经理，最重要的一点就是懂得授权和放权。”实际上，真正优秀的管理者会懂得把一些简单的事情授权给员工去做，自己做一些重要的事情。这样不但能激发员工的工作动力，还能提升团队整体的效率。例如，章小万让小旭与客户谈合作，并没有要求小旭时刻反馈工作，而是在两个方案的范围内给小旭自主选择的权力。这样小旭就会更有动力和信心与客户洽谈，也更利于达到目标。

具体来说，对于管理者而言，有效授权的重大意义体现在以下几个方面。

第一，授权可以将管理者从繁忙的事务中解脱出来，为管理者做更重要的工作节省了宝贵的时间。管理的本质就是通过让员工共同努力实现团队目标，而不是管理者一个人包揽一切事情。

第二，授权可以让员工得到锻炼和提升。员工的成长也是管理者的重要责任之一，而授权员工去完成工作，就是帮助员工成长的好方法。授权可以让员工发挥自主能力、创造能力，让他们不断改进自己的行为。

第三，授权可以巩固团队。授权具有一定的激励性。被授权者得到授权时，会感到管理者的信任，进而会更加全心全意地为团队付出。

有效授权，能够让员工的自主性发挥高效作用。

总的来说，授权的本质是激励员工改进行为，让他们的自主力发挥高效作用。那么，管理者如何才能进行有效授权？

管理者进行有效授权的前提是，明确哪些工作必须你来做，哪些工作应该让员工去做。通常来说，管理者在遇到以下 4 种情况时可以尝试授权。

员工有把某项工作做得更好的能力

管理者要知道团队中有比你更优秀的人才，而且这是一件好事，说明你的团队很有实力。如果你发现团队中有员工在某项工作上能比你做得更快更好，那就可以授权让他去做。

你的时间、精力跟不上团队的发展

美国通用电气公司前首席执行官、董事长杰克·韦尔奇 (Jack Welch) 曾说：“管得少就是管得好。”很多时候管理者之所以管不什么情况下可以尝试授权?

员工有把某项工作做得更好的能力

你的时间、精力跟不上团队的发展

某项工作十分耗时且不需要过多的专业知识和技能

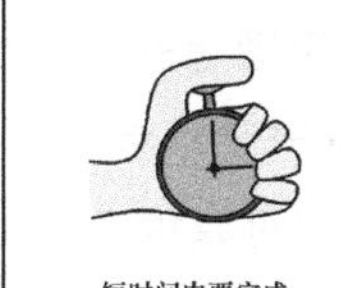

短时间内要完成多个重要的项目

好团队，就是因为他们管得太多了。管得太多会导致他们的时间、精力都跟不上团队的发展，进而会导致团队管理效率低下。

所以，当管理者的时间、精力跟不上团队的发展时，就要适当授权让员工去做一些事情，以把自己的时间、精力用在团队的核心业务上。只有这样合理安排工作，员工才能更加积极、主动，团队才能得以健康发展。

某项工作十分耗时且不需要过多的专业知识和技能

那些十分耗时且不需要过多的专业知识和技能的工作，可以授权让员工去做。

例如，某个新项目的背景调查、相关数据收集等。如果你不是十分确定员工是否有能力做好这些工作，那么可以在布置任务的时候提出明确的要求，在他们完成工作后进行检查，确保没有问题。这样做远比你自己亲自去做这些工作更高效，同时也有助于培养员工的工作能力。

管理者的时间和精力都是有限的，很难做到每个项目都亲力亲为。

短时间内要完成多个重要的项目

工作中经常会出现这种情况：短时间内团队要完成多个重要的项目。管理者的时间和精力都是有限的，很难做到每个项目都亲力亲为。这个时候，管理者就要学会把这些项目分派出去，授权有能力的员工去完成。这样管理者就可以专注于项目的决策、进展和监督，而得到授权的员工也可以积极行动起来，发挥自己的才能。

向员工传达授权的原因

周总安排小睿策划新产品的推广活动方案，并强调："这个活动很重要，一定不能出半点儿差错。"小睿面色凝重地走到座位前向小旭抱怨："真不知道周总为什么要让我负责这项工作，真担心自己做不好。"

对员工进行有效授权，能够激发员工的工作干劲和热情。但是不少管理者会发现，他们授权让员工去完成某项工作任务时，员工不但不会积极行动起来，反而变得非常消极。例如，周总授权小睿负责策划新产品的推广活动方案，小睿并没有因为得到授权而积极主动地展开工作，而是担心自己做不好，不敢行动。

为什么会出现这种情况？因为管理者没有告诉他们为什么授权，没有明确向员工传达授权的原因。当员工不清楚为什么要做某项工作时，他们就会丧失工作动力和热情。

向员工传达授权的原因，换句话说，就是告诉员工做某项工作的意义和价值。心理学研究表明，员工在做某件事的时候，更关注的是这件事背后的意义和价值，而不是这件事本身。因此，管理者要想进行有效授权，就应当在授权时明确向员工传达授权的原因。

不明白原因的授权，很可能给员工带来压力。

介绍工作任务的相关背景

管理者在进行授权时，如果能向员工介绍这项工作任务的相关背景，那么员工就能更加理解这项工作的意义和价值，进而能更加积极主动地去完成这项工作。

工作任务与团队整体目标的关联性。管理者不要只是简单地说“这项工作任务很重要，你一定不能出半点儿差错”，而是要明确告诉员工为什么这项工作任务很重要。例如，“这项工作任务很重要，决定了我们团队这个月的业绩能不能取得突破性的进展，能不能达到最终目标。”当员工明确自己的工作任务与团队整体目标的关联性后，他便会明确自己所做的工作对团队的价值和意义，进而会更积极主动地行动起来。

工作任务和目标。明确的任务和目标，能让员工进一步明确自己要如何做，要达成什么样的结果。这样员工才能明确工作方向，才能更加有工作动力。例如，“这次新产品的推广活动要设计一个有创意的推

介绍工作任务的相关背景
告诉员工为什么要将工作任务分配给他

广方案，希望通过这次活动能够卖出1000件新产品”。

告诉员工为什么要将工作任务分配给他

告诉员工为什么要将工作任务分配给他，能够让员工更有信心和动力去执行。

员工有能力做好这件事。实际上，管理者在选择授权对象之前，可能已经对授权对象的能力、兴趣、经验、技能等有了一定的了解。管理者也正是因为看中了授权对象的某种能力，才选择了授权对象。为了激励授权对象，管理者可以将选择员工的原因明确地告诉他。例如，“我看过你之前的工作表现，你在这方面做得非常不错。综合考虑，无论是能力、经验还是相关的知识储备，你是最好的人选。我相信我自己看人的眼光，更相信你一定能把这件事做好。”当员工听到管理者这么说时，他会明白管理者的信任，也能感受到自己存在的价值，进而会更加积极主动地完成工作任务。

可以帮助员工获得成长。如果员工认为你在为他们的成长提供机会，那么他们也会更加积极主动地去完成你授权的工作任务。所以，管理者在进行授权时，可以明确告知员工，授权某项工作任务的目的是帮助他们获得成长。例如，“之所以要让你负责这么重要的工作任务，是希望能够提升你对大型活动的策划能力。”一旦员工明白自己可以在某项工作任务中获得成长，他们就会把这项工作任务看成不可多得的机遇，进而会激励自己努力完成工作任务。

将激情随着权力一起授予员工

章小万给小旭安排工作任务时说：“这个工作有一定的难度，加油吧。”小旭皱着眉头说：“我担心我做不好。”章小万说：“那没有办法，这就是你的工作。你想赚钱，你就要想办法克服困难，完成工作。”小旭很沮丧地说：“好吧，我只能尽全力去做。”

心理学研究表明：做事有激情，才不会疲倦，才更加有动力。对员工来说也是如此。员工只有对工作保持激情，才能积极主动地投入工作。因此，管理者在对员工进行授权时，还应当将激情随着权力一起授予员工，以进一步激发员工的工作动力。

但是绝大多数管理者进行授权时，更多的是关注授权的工作任务，关注员工能不能完成任务。在他们看来，员工是否有激情并不重要，因为他们要的是最终的结果。例如，当小旭担心自己做不好时，章小万并没有传递激情给他，而是说：“那没有办法，这就是你的工作。你想赚钱，你就要想办法克服困难，完成工作。”小旭听到之后，只会更加沮丧，更加没有动力去完成工作。

没有激情的授权，无法进
一步激发员工的工作动力

激情是激发员工的工作动力不可或缺的因素

美国微软公司招聘员工时，有一条非常重要的标准：被录用的人首先应该是一个非常有激情的人。对此，一位人力资源主管解释道："我们不能把工作看成是几张钞票的事，它是人生的一种乐趣、尊严和责任，只有对工作拥有激情的人才会明白其中的意义。"

美国成功学大师拿破仑·希尔（Napoleon Hill）也非常看重工作中的激情。他认为激情是一种意识状态，能够鼓舞和激励一个人，使其对自己手中的工作采取行动。

实际上，对于新生代员工而言，激情远比授权本身更重要，更能激发他们的工作动力。因此，管理者在授权时一定要将激情随着权力一起授予员工。

向员工传递你的工作激情

杰克·韦尔奇（Jack Welch）担任通用电气公司总裁的时候曾说：

“我很有激情，通过我的激情来感染我的团队，让我的团队也有激情，这才是我真正的激情所在。”一个优秀的管理者是能意识到激情对团队发展的重要性，并懂得将激情传递给团队的员工的人。

管理者要想在授权时将激情随着权力一起授予员工，最简单的方式就是向员工传递你的工作激情。例如，“我非常热爱这份工作。每当团队能够取得一些成就，我的员工能获得成长时，我都倍感自豪，并决心一定要带好这个团队。”

澳洲墨尔本市阿尔弗雷德医院的心理学专家皮特·艾迪克特（Peter Enticott）曾表示：人们会有一种模仿行为，且这种模仿行为是无法控制的。也就是说，我们很容易被周边的人影响，尤其是自己的领导。因此，从心理学角度看，管理者完全可以让员工看到你的工作热情，让员工模仿你，让他们对工作更加有热情。

激发员工的工作激情

虽然员工很容易受到管理者对工作有激情的影响，进而对工作产生

激情。但是，管理者要想真正让员工产生工作激情，还应当采取一些能够激发员工的工作激情的措施。

用有激情的语言激发员工的工作激情。语言的力量是无穷的。因此，管理者在进行授权时要学会用有激情的语言来激发员工的工作激情。例如，“加油！我相信以你的能力一定可以完美地完成这项工作任务。我等你的好消息。”员工会把这种激情带到工作中，激励自己积极主动地完成工作，不断改进自己的行为。

用实际行动激发员工的工作激情。如果管理者只是口头上说说而没有采取实际行动的话，那么员工的激情也会随之慢慢消失。因此，管理者还应当采取实际行动激发员工的工作激情。例如，在员工遇到困难时，及时提供资源和帮助，并鼓励员工克服困难，再接再厉。在员工表现突出时，及时给予员工口头表扬或物质奖励。这些实际行动更能让员工感受到管理者的信任和支持，进而会对工作更加有热情，更愿意积极主动地工作。

让相关人员知道被授权者的权责

周总和章小万说：“这个项目交给你来做，你可以让小鑫协助你。但是，项目的进展及最终结果由你来负责。”在项目进行的过程中，章小万让小鑫帮忙收集、整理资料。但是，小鑫很不情愿地说：“这个项目是周总交给你来做的。我也有我的事情要忙呢。”章小万对此感到很无奈，不知道要如何才能让项目顺利进行下去。”

不少管理者在授权时，只会将授权的任务告知被授权者，而不会将这件事告诉相关人员。这就导致被授权者在行使权力时，会遭遇尴尬的局面。例如，章小万让小鑫帮忙收集、整理资料的时候，小鑫并没有听从章小万的安排。最终导致章小万无法顺利进行工作。这样的授权，显然是无效的。

所以，为了有效授权，管理者还应当在授权时，让相关人员知道被授权者的权责。管理者在进行授权时，让相关人员明确被授权者的权责有以下几个优势。

进一步激发员工的动力。授权本身就是激励员工的一种方式。如果

当相关人员不知道被授权者的权责时，
授权者将无法顺利行驶自己的权力。

管理者能够公开对员工授权，就是对员工最大的肯定，进而能够进一步激发员工的工作动力。

减少不必要的矛盾。如果相关人员不明确被授权者的权责，他们就不会积极配合被授权者，甚至会因此产生矛盾。

提升工作效率。让相关人员知道被授权者的权责，能够让他们明确自己应该做什么，应该如何更好地配合被授权者完成工作。这样一来，被授权者就能高效行使自己的权力，进而能大大提升工作效率。

那么，管理者在进行授权时，如何让相关人员知道被授权者的权责?

在公开场合授权

管理者要让相关人员知道被授权者的权责，最简单的方式就是在公开场合授权。

在公司会议上进行授权。如果管理者要授权员工完成某个项目，那么可以在公司会议上对员工进行授权。例如，“这个项目我交给章小

万负责，章小万要全权监督项目进展，处理项目进行中遇到的问题并及时向我反馈，并在 5 天内达到工作目标。团队其他人要积极配合章小万展开工作。”这样一来，该项目的相关人员就能知道被授权者的权责，进而能积极主动地配合工作。

召集相关人员，公开进行授权。有的工作未必涉及很多人，因此不必在会议上公开对负责人授权。这个时候，管理者可以召集相关人员，然后公开授权。

公开授权的信息

除了公开授权以外，公开授权的信息也是让相关人员知道被授权者权责的一个好方法。管理者可以采取以下几种方式公开授权的信息。

将被授权者的权责张贴在公司的公告栏上。管理者对员工进行授权后，可以将被授权者的权责张贴在公司的公告栏上。然后，管理者要通知相关人员去查看公告栏的信息，确保相关人员都清楚地知道被授权者的权责。

群发邮件。管理者也可以通过群发邮件的方式，告知每一个相关人员被授权者的权责。这里要提醒管理者注意的是，员工每天都会接收大量的邮件，很可能你的邮件会被其他邮件淹没。因此，群发邮件的时候要提醒员工“收到请回复”。如果没有收到员工的回复，一定要再发一遍，或者口头上跟员工打招呼，以确保员工成功接收了你的信息。

群公告。现在很多企业在线上办公，而且一些办公软件都有群公告的功能。这种群公告就相当于公司的公告栏。管理者也可以采取这种方式，公开授权信息，让相关人士知道被授权者的权责。

鼓励员工行使他已经拥有的权力

周总在周一的晨会上说：“五一假期的产品促销活动由章小万负责，其他人要积极配合她。”会后章小万和周总说：“周总，我担心我做不好。如果我搞砸了，就会给公司造成很大的损失。”周总鼓励章小万说：“你还没有做，怎么知道自己做不好呢？一定要去尝试。即便做不好，也可以获得成长啊。相信自己，加油！”

管理者对员工进行授权的目的是激发员工的工作动力，让员工积极主动地行动起来。但是，并不是所有的员工在得到授权后一定会行动起来。不少员工会像章小万一样，虽然得到了授权，但是不敢行使权力，害怕出错。这样的授权也是无效的。

管理者要清楚地知道，授权是双向的。一方面管理者要敢于授权让员工去做员工该做的事情，另一方面员工也要敢于使用他已经拥有的权力，敢于去试错。所以，管理者在进行授权时，不仅要传达授权的原因、激情，还应当鼓励被授权者行使他已经拥有的权力，鼓励他按照自己的方式去做。这样做，管理者才能实现有效

只有员工行动起来，你的授权才有效。

授权， 才能让员工有更多的自主意识， 更积极主动地工作。

管理者在鼓励员工行使他拥有的权力之前必须清楚一个问题： 为什么员工不敢行使自己的权力?

员工不敢行使自己的权力，无非以下两个原因

害怕自己出错，给公司造成损失。例如， 章小万不敢行使权力就是这个原因。

担心其他人不配合自己。员工行使权力的时候会涉及相关人员。 员工也会因为担心这些人不配合自己的工作， 或者担心行使权力的时候与他人产生矛盾， 而不敢行使自己拥有的权力。

所以， 管理者鼓励员工行使他已经拥有的权力， 就要从解决这两个问题开始。

给员工勇敢地试错的机会，帮助员工排除后顾之忧

告诉员工可以试错。 敢于试错的员工， 才能获得成长。 管理者首

帮助员工排除后顾之忧，鼓励员工行使自己已经拥有的权力。

先要认识到这一点，然后要在授权时告诉员工可以试错。

帮助员工排除后顾之忧。 如果管理者只是简单地告诉员工可以去试错，但是没有帮助员工排除后顾之忧，员工也会不敢行使自己的权力。例如，管理者和员工说：“勇敢去做吧，我相信你。”这个时候员工可能会想“如果我做错了怎么办”“如果辜负领导的期望怎么办”。所以，管理者在进行授权时，除了要告诉员工可以去试错，还应当帮助员工排除后顾之忧。例如，“大胆去做。即便最后的结果不理想，你也能获得成长。这对你、对我、对团队来说，都是一种收获。”这样员工才能放下后顾之忧，大胆去做。

鼓励员工行使他已经拥有的权力

口头鼓励员工大胆地行使自己拥有的权力。 有效授权，其实就是让员工能干、敢干。所以，管理者在授权时，应当鼓励员工大胆行使自己拥有的权力。例如，“你现在拥有了这些权力。你要想做好这份工作，发挥自己的潜能，就要大胆行使自己拥有的权力。”这种口头上的鼓励，能有效激励员工行使自己拥有的权力，努力达到工作目标。

不强加自己的想法给员工，让员工按照他自己的方式去工作。不少管理者在进行授权时，会给员工提出建议。例如，“我建议你……”“我认为这个项目应该……”看上去管理者是在授权，但实际上管理者仍然是在行使自己的权力。真正意义上的授权，是把权力授予员工，让员工按照自己的想法去做。只有这样，员工才能更加积极主动。所以，管理者在进行授权时，不要将自己的想法强加给员工，要让员工按照自己的方式去工作。

告诉员工其他人会积极配合他。担心其他人不配合自己的工作，也是员工不敢行使自己拥有的权力的原因。因此，管理者在授权的时候不能忽视这一点。即便是在公开场合授权，管理者也应当和员工说：“我已经通知其他人在工作上要积极配合你。”这样才能让员工更放心，更积极地行使自己已经拥有的权力。

了解应用权力背后的思维模式

章小万负责的五一促销活动举办得非常成功。周总找章小万说：“这次活动办得不错。你是如何策划这个方案的？”章小万说：“我做了市场调研，然后……”周总对章小万竖起了大拇指，说：“你的这个想法很棒。以后策划这样的活动都可以按照这种思维模式去思考。如果其他人能更积极、主动参与，那么活动的效果一定会更好。”章小万开心地说：“好的，周总。以后我要是负责这类活动，一定想办法调动大家的积极性，争取做得更好。”

员工行使自己所拥有的权力的过程，其实就是员工的思考过程。员工的思维模式决定了他们会有怎样的行为，而员工的行为也决定了授权是否有效。

如果员工的思考方向是正确的，那么员工就会做出正确的行为。这时候，管理者的授权就是有效的。

如果员工的思考方向是错误的，那么员工就会做出错误的行为。如果管理者没有意识到这一点，没有引导员工，那么员工在以后的工作中

员工的思维模式决定了他们会有怎样的行为，
而员工的行为也决定了授权是否有效。

只会继续错下去。这种授权显然是无效的。

所以，管理者要想进行有效授权，激发员工的工作动力，让员工获得成长，还应当了解员工应用权力背后的思维模式。

日本经营之圣稻盛和夫曾提出一个关于人生 / 事业结果的公式：人生 / 事业的结果 = 思维模式 × 努力 × 能力。在这个公式中，努力和能力固然很重要，但更重要的是思维模式。因为思维模式不正确，再多的努力和能力也是无用的。

对于管理者而言，在授权之后，了解员工的思维模式主要有两个优势：

一是在员工的思维模式是正确的情况下，管理者可以鼓励员工继续保持这种思维模式，不断优化自己的行为；

二是在员工的思维模式存在偏差的情况下，管理者可以引导员工朝着正确的方向深入思考，不断改进自己的行为。

所以，管理者在授权之后，还应当积极了解员工应用权力背后的思维模式。

如何了解员工应用权力背后的思考过程。

观察员工的行动轨迹

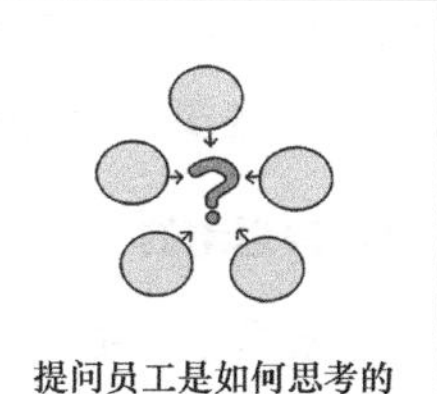

提问员工是如何思考的

观察员工的行动轨迹

思维模式决定了人的行为。同样，行为也可以反映一个人的思维模式。因此，管理者要想了解员工应用权力背后的思维模式，就要学会时刻观察员工的行动轨迹。

观察员工是如何开展工作的。员工在得到管理者的授权后，会开展工作。在开展工作之前，员工要做的事情有制订工作计划、安排相关人员做合适的工作、调动相关人员的积极性等。这些行为都能体现员工的思维模式。所以，管理者在员工开始工作的时候，就要密切关注员工的行为，了解员工是如何开展工作的。

观察员工是如何解决问题的。管理者要想了解员工的思维模式，就要观察员工是如何解决问题的。不同思维模式的人看待问题的角度不同，进而导致他们解决问题的方法不同。例如，面对客户的投诉，A 员工会先跟客户道歉，然后了解客户为什么投诉，最后积极寻找解决问题的办法。如果实在解决不了这个问题，他会积极向领导反馈，寻求帮助。B 员工则会直接向领导反映情况，寻求帮助。A 与 B 的思维方式显然不

在员工完成被授权的工作之后对其进行提问，可以进一步引导员工深入思考，帮助员工获得成长。

同，A 在积极面对问题、解决问题，而 B 似乎在逃避问题。所以，管理者在授权之后，还要学会观察员工是如何解决工作中遇到的问题的。

提问员工是如何思考的

管理者要想了解员工应用权力背后的思考过程，最简单、直接的方式莫过于直接提问员工是如何思考的。这种提问一般可以在授权时，以及员工完成被授权的工作之后。

授权的时候提问。例如，“你对这项工作有什么想法？你打算如何开展这项工作？”管理者在进行授权的时候提问员工，可以初步了解员工的思考过程。

在员工完成被授权的工作之后对其进行提问。人的思维模式是会变化的。因此，管理者在员工完成被授权的工作之后也可以对员工进行提问，如“你最终为什么会采取这种方法开展工作？为什么与以前的想法不同？”这样既能了解员工的思考过程，又能进一步引导员工深入思考，帮助员工获得成长。

最后要提醒管理者注意的是，了解员工的思考过程之后要让员工做到“有则改之无则加勉”，即员工的思维模式是正确的，要予以鼓励，以激发员工的工作干劲；若员工的思维模式存在偏差，则要引导员工朝着正确的方向思考。这样管理者的授权才是有效的，员工才能得以成长，才能更积极地投入工作。

授权之后，就不再干涉

章小万与客户洽谈工作的时候，接到周总的电话。周总问：“你这边进行得如何？”章小万回答：“正在进行中，目前还比较顺利。”不一会儿，周总又打来电话问：“我们给出的价格他们能接受吗？他们有没有提出其他要求？”章小万有些不开心地说：“周总，您的电话我不敢不接。但是，客户看到我一直接电话，已经有点儿不耐烦了。”

管理者在对员工进行授权后，要对员工的工作做到合理有效地跟踪。这样才能及时帮助员工解决问题，确保员工可以顺利地完成工作任务。但是，合理有效地跟踪不等于实时监控。如果在员工行使权力的过程中，管理者实时监控员工，那么很有可能会让员工产生逆反心理。

例如，周总授权章小万与客户洽谈合作事宜。周总为了确保章小万顺利完成工作任务，在章小万与客户谈判的过程中不断地给她打电话确定工作进展。也许周总是为了及时给章小万提供帮助，让章小万可以顺利签单。但是对章小万来说，这是一种不信任的表现，而且周总的干涉会严重干扰她的工作思路，影响她的工作结果。在这种情况下，章

合理有效地跟踪不等于实时监控。

小万出现了抵触心理，甚至会认为周总不是授权自己完成工作，而是把自己当成了“提线木偶”，远程操控自己。这种授权对章小万来说，显然是无效的。

唐纳德·N. 希尔顿（Konrad N. Hilton）21 岁时，他的父亲将一个旅店经理的位置交给了他，同时还转让了一部分股权给他。但是令希尔顿非常不开心的事情是，父亲总是会干涉他的工作。因为承受了不能正常行使自己的权力的苦恼，希尔顿在自己管理团队时，对员工授权之后，就不再干涉员工的工作。

希尔顿对被授权的员工非常信任，敢于大胆地放手让他们去工作，去发挥自己的潜能。如果这些人犯错了，希尔顿会把他们叫到办公室鼓励他们一番，并告诉他们工作中难免会出错。然后，希尔顿会帮助他们分析原因，并一起探讨解决问题的方法。在这种授权模式下，员工更愿意积极主动地工作。

如何做到授权之后，就不再干涉？

让员工自己去思考“怎么办”

让员工证明自己的对错

心理学中有一个著名的法则——拜伦法则。该法则是美国内陆银行总裁 D. 拜伦（D. Bailén）提出的，指的是授权他人后就完全忘掉这回事，绝不去干涉。所以，管理者为了激发员工的工作干劲，在授权之后，要做到不再干涉员工的工作。

让员工自己去思考“怎么办”

员工在工作的过程中难免遇到一些问题。这时候不少管理者会主动站出来帮助员工解决问题。其实这种行为是不正确的，不利于激发员工的自主能力。

管理者对员工进行授权，其实就是为了激发员工的自主能力。有效激发员工的自主能力的必要条件是，给予员工独立完成工作任务的空间。管理者站出来帮助员工解决问题，就等于剥夺了员工思考的权力和空间。一旦员工无法深入思考，他们就不会主动行动起来去解决问题，完成工

有效的授权不是管理者明确告诉员工什么应该做，什么不应该做，而是在不影响团队发展的前提下，放手让员工自己去做，让他们去证明自己的对错。

作任务。所以，当员工不知道怎么办时，管理者要学会先给他们留空间，让他们自己去思考，主动寻找解决问题的办法。

当员工主动思考找到解决方法并取得成果后，员工的认知能力、判断力、行动力都能得到有效提升。这样的授权才是有效的。

让员工证明自己的对错

管理者在进行授权之后，总是担心员工做不好、会出错。管理者要敢于让员工去试错，这是员工成长的机会。所以，管理者在授权之后，不要担心员工在工作中会出错，而是应该大胆放手，让员工有机会证明自己是对还是错。

有效的授权不是管理者明确告诉员工什么应该做，什么不应该做，而是在不影响团队发展的前提下，放手让员工去做，让他们去证明自己的对错。

有效的授权要求管理者在授权之后，就不再干涉，并不是说管理者在授权之后就可以放任不管。管理者在授予员工一定的工作自主权的同时，还要适当地进行指导和监督。这样才能在员工遇到难题时给予及时帮助或在员工犯错时及时纠正员工的错误行为。只有这样做，才能确保授权有效。

第 5 章

激励心理学：善于表扬，引导员工正确行动

无论员工成功还是失败，管理者都要学会表扬员工。因为只有表扬员工，才能让他们知道什么行为是正确的，应当继续保持；什么行为是错误的，应当不断改正。

01 皮格马利翁效应：用表扬表达期待

章小万谈了一个月的客户终于签单了，为团队创造了丰厚的利益。周总对章小万说："以后遇到这样的客户希望你能花更少的时间解决问题，时间太久可能会影响谈判效果。"章小万很不开心地点点头。

心理学中有一个非常著名的定律叫"皮格马利翁效应"，又称"罗森塔尔效应"。该效应是美国著名心理学家罗伯特·罗森塔尔（Robert Rosenthal）和罗曼·雅各布森（Roman Jakobson）在智力测试中发现的，通过教师对学生心理的潜移默化的影响，从而使学生取得教师原来所期望的进步。这种心理学效应也可以应用到管理工作中。管理者可以通过向员工表达期待，激励员工不断改进行为，达成自己的期待。

不少管理者会说："我经常向员工表达自己对他们的期待，但是员工并没有因此不断改进自己的行为，达成我的期待。相反，他们甚至认为我的期待对他们来说是一种压力，总是担心自己做不好。"为什么管理者向员工表达期待会造成这样的结果？因为他们表达期待的方

表达期待的方式不对，
只会给员工造成压力。

式不对。

例如，周总表达期待的方式就没有起到激励员工改进行为的作用。当章小万花了一个月成功签单并为团队创造丰厚的利益时，周总说：“以后遇到这样的客户希望你能花更少的时间解决问题，时间太久可能会影响谈判效果。”周总这么说可能是期待章小万不断成长，不断突破自己。但是，这句话在章小万看来，就是对她这次工作的不认可，进而会对工作丧失信心和动力。

错误的表达期待的方式，不但无法激励员工努力改进自己的行为，达成管理者的期待，而且会严重影响员工工作的积极性。那么，什么样的方式才是向员工表达期待的最佳方式呢？方法是用表扬表达期待。

优秀的管理者在面对员工某个方面做得不足时，一般不会说“我希望你……”“我期待……”，而是会把这句话留在员工因某方面的工作做得非常突出时，提出自己的期待。这样更容易让员工接受，也更能

激励员工改进行为，达成自己的期待。

当一个人受到表扬时，会产生成就感、荣誉感和自豪感。这些都是非常积极的心理反应。心理学研究表明，人在积极的心理反应下，不仅会感到心情愉快，而且会信心大增，激情四射。在这种状态下，如果管理者给员工提出期待或是提出要求或建议，不仅不会让员工感觉压力大，反而会让员工感到你很重视他。这个时候，他自然会接受你提出的希望或要求，并积极行动起来，实现你的期待。

管理者向员工表达期待，一般有两个目的：一是激励员工改正自己错误的行为；二是激励员工不断突破自己。

用表扬激励员工改正自己的错误行为

对工作上存在一些问题需要改进的员工，管理者可以用表扬的方式把员工存在的问题明确地提出来。这样才能促使员工改正问题，发挥自己的潜能， 不断完善自己。

例如， 周总可以说： “你这次表现得太棒了！我希望你可以积累更多的经验， 下次能高效地解决这样的问题。” 在得到周总认可的前提下，章小万自然更愿意正视自己的行为并不断改进自己的行为。 这样， 周总的期待才有可能达成。

用表扬激励员工不断突破自己

对工作中一直表现很突出， 工作非常积极的员工， 管理者也应当用表扬的方式， 不断提出新的希望目标， 促使员工不断突破自己， 不断发挥自己的潜能。

例如， 当员工成功达到一个月销售额为 2 万元的业绩目标， 并得到客户的表扬时， 管理者可以这样表扬员工： “你这次做得非常好， 不仅能够成功达到这个月的业绩目标， 还得到了客户的表扬。 这说明你的能力很强。 我希望下个月你的销售额可以超过 2 万元， 而且我相信你有这个能力。”

这样表扬员工， 既肯定了员工的工作， 也给员工提出了新的目标，更能进一步激发员工的工作动力和激情。

02 无须等到完美时才表扬

章小万超额完成了工作任务。但是，周总并没有因此表扬她，而是说："虽然你超额完成了任务，但还是有一些细节问题没有处理好，争取下次做得更完美些。"原本章小万很开心，但是听到周总这么说后，她瞬间感到很沮丧。

不少管理者会像周总一样，等到员工做得很完美的时候才表扬员工。他们认为，如果员工只是取得了一点儿小成就就表扬员工，会让他们骄傲自满，不利于他们更好地完成接下来的工作。事实并非如此。例如，章小万在超额完成任务却没有得到周总表扬的时候，就很沮丧。试想一下，在这样的情绪状态下章小万能更好地完成接下来的工作吗？显然不能，甚至会令她丧失工作积极性和动力。

心理学中有一个著名的效应叫"赫洛克效应"，是指及时对工作结果进行评价能强化工作动机，对工作起到促进作用。适当表扬显然比批评好，而批评要优于不给予评价。也就是说，及时表扬能够强化员工的工作动机，促进员工积极工作。

等到完美时才表扬员工，会挫伤员工的积极性。

网络上曾流行一个名词“小确幸”，是指微小而确定的幸福。这也是新生代员工追求的生活。生活中他们追求小确幸，在工作中他们也会追求小成就。对他们来说，比起丰厚的奖金、巨大的成就，他们更需要的是每天都有小成就、小快乐。因此，管理者无须等到员工做得很完美时才表扬，要学会在员工取得小成就时就及时表扬他。这样才能强化他们的工作动机，让他们有动力和干劲去获得更大的成就。

密切关注员工的工作

定期举行团队会议。例如，每日晨会或每周例会。如果举办每日晨会，可以安排员工在晨会上汇报前一天的工作和进展，以及当天的工作目标。这样管理者就可以密切关注员工每日的工作和进展。当然，有的团队工作性质不同，无法确保每天都有时间开会。那么这样的团队，可以每周举行一次例会。周例会的流程与晨会的流程相似，员工如何做到在员工取得小成就时就及时表扬?

密切关注员工的工作

记录员工的小成就并及时表扬

要汇报上一周的工作和进展，以及下周的工作计划。

一对一面谈。员工负责的项目不同，工作内容和进展自然不同。因此，管理者还要根据员工负责的项目的性质及员工个人能力，适时开展一对一面谈。一般可以在员工主动寻求帮助时面谈，或者在项目进行一半时面谈。

关注员工在工作中的行为。例如，乐意帮助同事、对团队的事情很上心等。

记录员工的小成就并及时表扬

记录员工的小成就。关注到员工的小成就后，管理者要及时记录下来。管理者可以用便签记录员工的这些小成就，然后贴到电脑上，以提醒自己及时表扬员工。当然也可以用手机备忘录记录。

寻找合适的机会给员工“点赞”。记录了员工的小成就后，下一步自

及时记录并“点赞”员工的小成就，让员工有动力和干劲获得更大的成就。

然是找机会给员工“点赞”。其实晨会或者周例会就是非常合适的时机，管理者可以在会上对员工近期取得的小成就进行表扬。例如，管理者可以说：“小鑫这周开发的客户比上周多了3个，非常不错，值得表扬。”

管理者无须等到员工的工作做得非常完美的时候才表扬员工，其实就是要求管理者要时刻关注员工的成长和进步。当管理者关注了员工一点一滴的成长和进步并给予表扬后，员工就更有工作动力，不断改进自己的行为，去实现新的成长和进步。长此以往，员工的小成就会变为大成就，员工就会一步步走向成功。这才是管理者表扬的价值和意义所在。

03 姓名字母效应：表扬要满足对方的情感需求

为了激发团队的工作干劲，章小万建了一个“夸夸群”。在“夸夸群”里，大家不仅会表扬工作做得好，还会赞扬其他事情。例如，“你今天穿的衣服真好看”“你今天的口红颜色很漂亮”“你是今天第一个到办公室的，真棒”。建立了这个“夸夸群”后，大家每天的热情、工作动力都变得更高了。

网络上有段时间出现了大量名为“夸夸群”的微信群、QQ群。“夸夸群”里有些发言是这样的：

“我今天精心地打扮了自己，求表扬。”

“我通过面试了，求表扬。”

“我今天在公交车上找到座位了，求表扬。”

……

为什么“夸夸群”会如此火爆？很多人说，“夸夸群”的作用就像心理按摩，能够为现代职场人士紧张的情绪和紧绷的神经提供一个放

新生代员工对情感的需求很多

松的空间。对此，中国社会心理学会文化心理学委员会秘书长认为，现代生活的压力和焦虑放大了人们对感情支持的需求。“夸夸群”已经成为一种替代和补偿，以满足一些青年团体的感情需求。

实际上，与其说“夸夸群”为现代职场人士提供了一个放松的空间，不如说“夸夸群”满足了职场人士的情感需求。

不少新生代员工对公司的认识是冰冷的，没有感情的，因此他们对工作没有激情和动力。其实，对于新生代员工而言，比起薪酬、奖金，他们更需要温暖和感情。只有满足他们的感情需求，他们才会对工作充满激情和动力。所以，管理者在表扬员工的时候，还要学会满足员工的情感需求。

心理学中有个著名的效应叫“姓名字母效应”，是指人通常会比较喜欢自己名字里的开头字母。例如，如果一个女生的名字叫 Sophie，她极有可能最喜欢字母“S”；如果一个男生的名字叫 Daniel，他极有

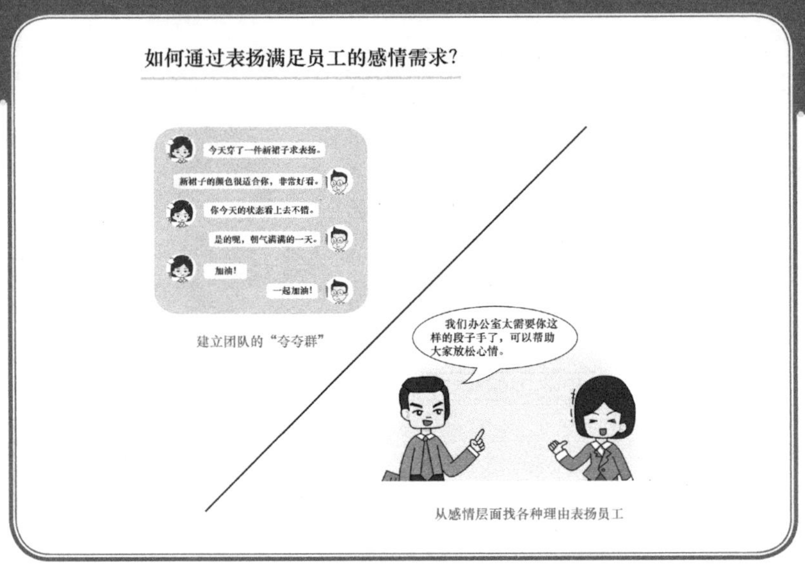

建立团队的“夸夸群”

从感情层面找各种理由表扬员工

可能最偏爱字母“D”。当要求人们判断对不同字母的喜好程度时，往往表现出对构成自己姓名字母的偏爱，尤其是对词首大写字母的偏爱。此外，人们对自我的感知范畴还包括一些被称为“我们的”事物，如我们的衣服、职业、亲人、朋友……每个人都是喜欢自己的。人们对自己或与自我相关联的事物做评价时，通常会无意识地、不自觉地给予积极评价。这种现象被称作“姓名字母效应”。

所以，管理者要想进一步激发员工的激情和动力，要做的不仅是在员工取得小成就的时候给予表扬，还要学会表扬和员工相关的事物，以满足员工的情感需求。

建立团队的“夸夸群”

既然“夸夸群”有心理按摩的作用，那么管理者不妨也建立团队的“夸夸群”，去给员工做心理按摩，满足员工的情感需求。

只要是和员工有关的事情得到了管理者的表扬，员工都会感到开心。

建立团队的“夸夸群”后，管理者可以告知员工，每个人都可以在群里求表扬，也可以在群里主动表扬他人。例如，员工 A 今天穿的衣服很漂亮，那么她可以在“夸夸群”里求表扬：“我今天穿了一件新裙子，求表扬。”B 进办公室的时候发现 A 穿的新裙子非常漂亮，可以主动表扬 A：“A 今天穿的裙子很漂亮，颜色很适合你。”

团队的“夸夸群”一来可以满足团队员工的情感需求，二来可以活跃团队氛围，增进团队成员间的感情。在这种状态下，员工对工作自然更有激情和动力。

从情感层面上找各种理由表扬员工

员工之间的互相表扬可以起到激励员工的作用，但是，员工更期待的是管理者的表扬。所以，为了更好地满足员工的感情需求，管理者应当学会从感情层面找各种理由表扬员工。

例如，当员工在办公室讲了一个笑话让办公室的人开心大笑时，管理者可以表扬员工：“我们办公室太需要你这样的人了，可以让大家放松心情，更好地投入工作。”

满足员工的情感需求其实很简单，就是留心观察员工的一切，并用合适的语言表扬他。只要是和员工有关的事情得到了管理者的表扬，员工都会感到开心。他们开心了，自然愿意积极主动地工作。

04 表扬要因人而异才有效

小睿和小旭聊天："今天太尴尬了。我穿了一件新衣服，然后主管夸我衣服好看。其实，我不喜欢人家关注我的衣着，我对这方面也不是很讲究。"小旭说："我不一样，要是有人说我穿得好看，我一整天都会很开心。"

对员工进行表扬能够有效提升员工的工作动力和激情。认识到表扬的力量后，许多管理者已经采取了行动，积极给予员工表扬。但是，不少管理者发现，表扬带来的激励效果不同，有的人受到表扬后立即表现出积极的状态，有的人受到表扬后并没有太大的变化。为什么会出现这种情况？因为管理者忽视了表扬的一个关键原则：因人而异。

表扬的目的就是满足员工的某种需求。这种需求必须是员工看重的，才会激发员工对工作的动力和激情。例如，小睿并不看重自己的穿着打扮，因此对领导的表扬没有任何感觉，甚至产生了抵触心理。这种表扬就是无效的，无法对员工起到激励作用。

美国著名人际关系学大师戴尔·卡耐基（Dale Carnegie）在其著作《人性的弱点》中，记录了这样一个故事。

不同的人需要的表扬不同。

一天，卡耐基去邮局寄挂号信。当时服务他的邮递员态度十分不好，很不耐烦。当卡耐基将信件递给他称重的时候，卡耐基说："真希望我也有你这样美丽的头发。"听到卡耐基这样表扬自己，邮递员很惊讶，也很开心，服务也变得热情起来。而且还竖起大拇指表扬卡耐基说："您真是位了不起的军事家。"

对于邮递员的表扬，卡耐基似乎无动于衷。因为打胜仗对他来说，是最平常不过的事情了。

相反，有人曾看着卡耐基的胡须，表扬他说："将军，您的胡须真好看。"受到这样的表扬后，卡耐基笑得像个孩子。

为什么同样是表扬，卡耐基的感受却不同？因为，对于在战场上攻无不克、战无不胜的卡耐基来说，对他在战场上取得的成就的表扬已经产生了免疫，反而是他自身的一些小事更容易打动他。所以，当有人称赞他的胡须好看时，他会感到很高兴。

在表扬员工的时候，如何做到因人而异？

同样的道理，不同的员工看重的东西不同，他们希望得到的表扬也不同。因此，管理者为了更好地激发员工的工作动力，在表扬员工的时候，就要遵循因人而异的原则。

员工看重什么？

美国著名心理学博士海姆·G. 吉诺特（HAIM G. GINOTT）说："称赞，就像青霉素一样，绝不能随意用。"所以，如果管理者不清楚员工到底看重什么，就不要随意表扬员工。换句话说，管理者要想通过表扬激励员工，就要知道员工看重什么。

通过员工之间的交流了解员工看重什么。如果管理者不清楚员工到底看重什么，那么不妨观察员工之间的交流，通过他们之间的交流发现不同员工看重的东西。例如，小睿表扬小旭的衣服好看，小旭表现得特别高兴。那就说明小旭看重自己的穿着。

管理者应当用员工喜欢的方式表扬他。

通过与员工沟通了解员工看重什么。当然，最简单、直接的方式就是与员工进行沟通，了解员工看重的事物。例如，“你对哪方面的事情比较在意？”如果员工回答：“我比较在意工作上的事情，对其他东西都不是很在乎。”那么，管理者以后表扬员工的时候，就可以侧重表扬员工在工作上取得的成就。

用员工喜欢的方式表扬他

因人而异的表扬原则不仅体现在表扬的内容上，还体现在表扬的方式上。也就是说，管理者还应当用员工喜欢的方式表扬他。

表扬方式通常分为两种：公开表扬和私下表扬。有的员工喜欢被公开表扬，因为这样可以给他带来成就感和荣誉感，进而可以激发他的工作动力。但是，有的员工不喜欢被公开表扬。这些员工在平时的工作中比较低调，无论自己表现得好与坏，都不希望被公开。一旦得到公开表扬，他们会感到不安，甚至会过度焦虑，进而导致对工作丧失信心。所以，管理者面对这样的员工，就应当采取私下表扬。

05 表扬之后补充“为什么”

周总对章小万说：“你最近表现不错，继续加油！”得到周总的表扬后，章小万挑眉对身边的小旭嘀咕说：“莫名其妙地表扬我，好官方，好假。”小旭说：“是的，周总对谁都这么说。我都不知道我哪里做得好。所以，这种表扬听听就可以了，不要往心里去。”

你是否在工作中经常这样表扬员工：

“你做得很好！”

“你最近表现不错。”

“你是最棒的。”

“你太优秀了。”

这些都是非常轻易就能说出口的表扬。但是管理者会发现，当你用这些话表扬员工的时候，他们常常只是点头微笑，或者简单地说声“谢谢”。你似乎无法看到他们因为得到表扬而感到开心，更不会看到他们对工作有更多动力和热情。为什么会出现这种情况？答案很简单：你没

没有原因的表扬，只会让员工感到焦虑、迷茫。

有告诉他们为什么被表扬。

当一个人不知道自己为什么被表扬时，他的内心可能会有以下几种想法。

这种表扬不是发自内心的。例如，当周总表扬章小万的时候，章小万并没有感到开心，而是认为周总的表扬很官方、很假。也就是说，章小万认为周总的表扬不是发自内心的。在这种情况下，她自然不会因为被表扬而对工作更加积极、主动。

我的哪些行为是对的？哪些行为可以继续保持？如果管理者不能具体告诉员工为什么要表扬他，那么员工就不会知道自己哪些行为是对的。可以继续保持；哪些行为是错的，需要不断改进。例如，周总对章小万说："你最近表现不错，继续加油！"章小万听到这样的表扬，并不知道自己在哪一方面表现得不错，要往哪方面继续加油。在没有方向的情况下，章小万显然不知道如何改进自己的行为。

领导是不是在讽刺我？对于一些心理比较敏感的员工来说，当他们不知道管理者为什么表扬他们的时候，他们甚至会认为领导是在讽刺他们。在这种认知下，他们可能会产生焦虑心理，进而无法更好地开展工作。

管理者表扬员工的目的是激发员工的工作动力和激情，强化员工正确的行为，而不是让员工感到怀疑、迷茫和焦虑。所以，管理者为了通过表扬激发员工的工作动力和激情，强化员工的正确行为，还应当在表扬之后补充“为什么”。

用描述性的语言告诉员工“为什么”

用描述性的语言告诉员工为什么表扬他，即要具体阐述员工哪些行为是正确的，是值得表扬的。

例如，员工的月末工作总结写得非常好。管理者可以表扬员工：“你的工作总结写得非常精彩。总结中充分展示了你在工作中存在的一

表扬员工为团队做出的贡献，不但能够让他们认识到自己哪些行为是正确的，还能帮助他们明确自己在团队中的价值。

些问题、取得的成就及对团队发展提出的建议。整个总结的主题非常鲜明、思路清晰、逻辑严谨。”

当管理者用这种描述性的语言表扬员工时，员工就会明白你认真看了他写的工作总结，是发自内心地表扬他。这样员工才会对工作更加有激情和动力。

所以，管理者在表扬员工的时候，不要只是简单的口头表扬“你很棒”“你很优秀”，还应当在表扬后用描述性的语言补充“为什么”。

表扬员工为团队做出的贡献

管理者表扬员工是为了激发员工的工作动力和激情，也是为了强化员工正确的行为。要进一步强化员工的正确行为，管理者要做的不只是表扬员工本身的行为，还应当表扬员工为团队做出的贡献。

例如，管理者在表扬员工的工作总结写得精彩之后，可以继续表扬：“你这次写的工作总结值得团队其他员工向你学习。这样的工作总结有利于我们进一步认清自己的优势和劣势，进而可以有针对性地提升自己，提升团队的工作效率。”

这样一来，员工既能认识到自己哪些行为是正确的，又能明确自己在团队中的价值，进而会更加积极地朝着正确的方向改进自己的行为，不断为团队做出更多的贡献。

06 失败的时候更需要表扬

周总要求小鑫周三完成的任务，直到周五小鑫都没有完成。周总却表扬小鑫说：“虽然你没有按时完成任务，但是我看你每天都主动留下来加班，还会积极地与同事沟通解决方案，这一点非常值得表扬。如果你能找到提高工作效率的方法，那就更好了。”事后，小鑫非常诧异地和章小万说：“我以为周总会批评我。我真没想到，他不但没有批评我，反而表扬我。下次我真要努力提高工作效率了。”

在绝大多数管理者看来，表扬一定是在员工表现比较好的时候才进行，如员工积极完成了工作、顺利签单、达到了业绩目标……事实上，员工失败的时候更需要表扬。

为什么这么说？大家要想清楚地认识员工失败的时候更需要表扬这一点，请看表 5-1。

员工失败的时候更需要表扬。

表 5-1　失败的时候给予表扬与批评对比

员工行为	表扬	批评
工作失败	强化员工的正确行为	弱化员工的所有行为
	给员工带来信心，激发员工的工作动力、积极性	挫伤员工的信心、动力、积极性
	尊重员工	打击员工的自尊心
	员工更愿意改进行为	员工可能“破罐子破摔”

通过表 5-1，我们可以看出，对于工作失败的员工，给予表扬更能激发员工的工作动力，能更好地引导员工改进行为。所以，管理者不要只是在员工工作表现非常突出的时候才表扬员工，也应当学会在员工工作失败的时候表扬员工。

但是，管理者要注意的是，我们这里所说的表扬，不是为了保护员

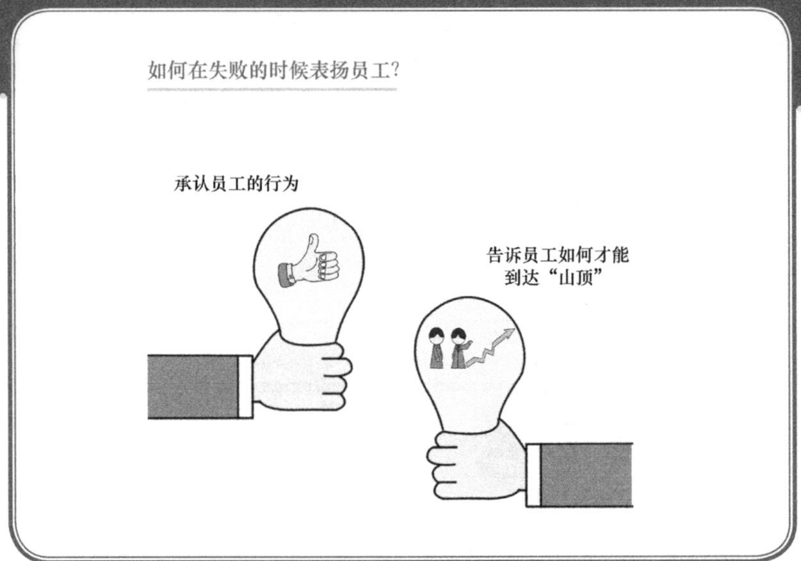

工的自尊心，让员工开心，而表扬员工错误的行为。这里的表扬是指要表扬员工工作中正确的行为，引导员工改进错误的行为。

具体来说，在员工工作失败的时候，管理者表扬员工应当注意以下几点。

承认员工的行为

“表扬”这个词本身就有承认对方的行为的含义。也就是说，并没有要求对方一定要做得非常好，非常完美才能够得到表扬。

很多管理者会提出疑问：“员工都已经失败了，为何还要承认员工的行为?”

员工工作失败了，是不是就意味着员工的行为没有可取之处呢?当然不是。要在员工失败的工作中，发现员工值得表扬的行为，关键在于管理者关注的是什么。

例如，一个员工的工作只完成了60%。那么，习惯采取“批评”这种管理方式的管理者，关注的就是员工未完成的那40%。然后，

优秀的管理者，无论员工是成功还是失败，他们都会通过表扬进行激励。

管理者会认为员工工作很失败，会批评员工。但是，懂得用“表扬”这种管理方式的管理者，看到的是员工完成的60%，并会从中找到值得肯定的行为表扬员工。

所以，管理者要想承认失败的员工的行为，就要更多关注员工“已经做了多少”。一旦管理者更关注“员工已经做了多少”，他就会发现员工值得表扬的行为，并且会想办法让员工改进行为，引导员工做得更多，直到达到100%。

对于工作失败的员工，管理者承认他们的行为，不仅能让他们认识到自己的优势，还能让他们更积极地寻找自己失败的原因，主动改进自己的行为。这远比管理者批评员工更有激励性。

告诉员工如何才能到达“山顶”

员工完成任务的过程，其实就像爬山。管理者承认员工的行为就像告诉员工“你现在已经在山上了。”当员工知道自己已经在山上了，他们就会更有动力继续往上爬。

相反，批评员工就相当于告诉员工“你现在还在山脚”。这样员工显然会感到无望，进而会没有动力继续往上爬。

但是，仅仅是告诉员工“你已经在山上了”还不够，管理者还应当告诉员工如何才能到达“山顶”。这样才能进一步激发员工的工作动力和激情。

管理者告诉员工如何才能到达“山顶”的关键，是站在员工所在的位置看待员工的工作。

如果管理者站在自己的角度看待员工的工作，那么管理者可能会认为，达到100%，到达“山顶”是一件轻而易举的事情。这个时候，管理者很难给员工提出有针对性的建议，帮助员工到达“山顶”。

相反，如果管理者站在员工的位置，站在60%的角度看待员工的工作，那么管理者就能清楚地看到员工存在的问题，进而可以提出有针对性的建议，引导员工改进行为，到达“山顶”。

优秀的管理者，无论员工成功还是失败，他们都会表扬员工。因为他们知道，只有通过表扬员工正确的行为，才能引导员工不断积极、主动地改进行为。

表扬的目的：引导员工采取行动

小旭得到周总的表扬后，并没有积极地行动起来，反而比以前更懒散。小睿问小旭："周总表扬你了，你不应该积极地行动起来吗？"小旭笑着说："周总已经表扬我了，说明我已经做得够好了。我已经很开心、很满足了。所以，我现在大可放松了。"

表扬是一种管理策略。表扬的目的是激发员工的工作动力和激情，但不止于此。归根结底，表扬的最终目的是引导员工采取行动。也就是说，如果管理者对员工进行表扬，只是让员工感到开心、自满、骄傲，而没有成功引导员工采取实际行动，那么这种表扬就是无效的。

例如，小旭在得到周总的表扬后并没有积极地行动起来。他认为得到领导的表扬说明自己做得足够好，不需要继续努力改进自己的行为。这种表扬虽然点燃了小旭的激情，但是没有引导小旭行动起来，反而让小旭变得更懒散。很显然，这不是周总表扬小旭的初衷。

有这样一个故事：

一位老人的家门前有一个邮筒。街边的一群小孩总是爱来这里玩耍，并喜欢把邮筒敲得叮当响。老人不堪其扰，赶他们走。

没有成功引导员工采取实际
行动的表扬是无效的。

但是并没有效果，他们还是会趁老人不注意的时候偷偷地敲邮筒。于是，老人想了个办法。等到小孩来敲邮筒的时候，他表扬他们说："你们敲得真好听，这是我听过得最美的声音，谢谢你们。我给你们20元钱，帮我敲20分钟吧。"小朋友听到老人不但表扬自己还给20元钱，感到非常开心，敲得更起劲了。

过了几天，老人还是继续表扬他们，说他们很勤劳，有爱心。但是这一次老人只给了他们10元钱。

再过几天，小孩又来了。老人继续表扬他们，但是不给他们钱了。小孩感到非常生气，认为自己这么努力地敲竟然得不到钱。于是他们不敲了，老人从此过上了安静的生活。

这个故事中蕴含了一个简单的道理：表扬只是一个行为工具或者一个策略，其目的是在传达表扬者的观点或方向。因为是行为工具或策略，所以就存在善用和不善用之分。对于管理者来说也是如此。善用表扬的如何引导员工采取行动?

表扬的目的是引导员工采取行动。

管理者能够跳出为了表扬而表扬的现象而使用表扬，看到表扬背后的行为逻辑。简单来说，他们会采取表扬引导员工行动。相反，不善用表扬的管理者，只会为了表扬而表扬，给员工带来的只有开心或自满。

所以，管理者在对员工进行表扬时，应当清楚地认识表扬的最终目的是引导员工行动。

请告诉他们如何使用自己的过人之处

如果管理者只是简单地告诉员工在哪些方面很优秀，有过人之处，而不告诉他们如何发挥他们的过人之处，那么员工也很难积极地行动起来。

例如，员工的销售经验很丰富，与客户简单聊几句就能洞察客户内心的需求。如果管理者想通过表扬引导员工行动，就不能只是简单地说“你的销售能力不错”“你很会说话”。而应当说“你的销售经验比其他人丰富，而且你善于洞察客户的内心需求。如果在接下来的工作

无论是通过什么方式表扬员工，最终目的都是引导员工行动。

中，你能做到细心洞察每一位客户的内心需求，你就能更好地维护老客户，并且开发更多新客户。这样不仅可以提升你的销售能力，你的收入也会不断增加。”在听到管理者这么表扬自己后，员工不仅会感到开心，有动力，还会积极主动地发挥自己的过人之处，以提升自己，获得更丰厚的收入。

鼓励员工“继续”

引导员工采取行动，其实就是让员工继续发挥自己的优势，不断改进自己的行为。所以，管理者在告诉员工他的过人之处及如何使用他的过人之处后，还要鼓励员工继续发挥优势，不断改进行为。

例如，当员工的营销方案写得非常不错时，管理者可以说：“你的营销方案写得非常棒，思路很清晰，内容很有创意……如何你能保持并继续学习，不断提升自己，那就太了不起了。”这样说，一方面能让员工感受到管理者的真诚表扬，另一方面也能引导员工积极地行动起来，发挥自己的优势，改进自己的行为。

管理者要注意的是，无论通过什么方式表扬员工，最终的目的都是引导员工行动。因此，管理者对员工进行表扬后，还应当时刻关注员工的行动。如果员工没有行动起来，那么管理者就应当反思自己的表扬方式的不足，并及时改进自己的表扬方式。总之，只有员工行动了，你的表扬才是有效的。

一旦获得行动，立即奉上新的赞美

小睿和章小万抱怨说：“周总真的太假了。我接到这个工作任务时表扬我之前做得很好，原来只是想让我今后努力加班。”章小万问：“为什么这么说呢？”小睿撇着嘴说：“因为我接到这个任务之后，他再也没有过问。我现在也不知道自己做得到底怎么样，很担心周总不满意。”

很多管理者在员工采取行动之后就停止赞美或表扬。这种行为会让员工误以为你之前的赞美或表扬都是假的，只是为了让他努力工作。如果员工有这样的心理认知，那么他们即便行动起来了，也会慢慢丧失工作动力。

日本一档综艺节目做过这样一个实验：连续 50 天赞美一个内向又不自信的女孩，她能不能变好看呢？

在节目中，女孩选择了一位男老师对自己进行辅导。长相英俊的男老师一见面就夸女孩：“你的眼镜很可爱。”在接下来的 49 天里，女孩不断地收获赞美。

“你的笑容很可爱。”

在员工采取行动之后就停止赞美或表扬，会让员工误以为你之前的赞美或表扬都是假的。

“你的衣服很可爱。”
“你可以把口罩摘下来的。”
“你很漂亮。”
……

因为不断得到了赞美，所以女孩开始慢慢卸下自己内心的防备。她开始摘掉口罩，开始化妆，打扮自己。50天后，她从一个不自信、不敢跟人说话的女孩，变成了漂亮、善于与人交谈的女孩。

实验结果表明：赞美真的可以让一个人变美。但是我们要注意，女孩连续50天都收到了各种各样的赞美。也就是说，如果女孩只是一天、两天收到赞美的话，她很难发生这么大的变化。

所以，这个实验同时表明：赞美需要持续进行才有效果。

同样的道理，管理者对员工的赞美也应当持续进行。管理者要想有效激发员工的工作干劲，引导员工行动，就不能把员工的行动当成赞美如何在员工获得行动后，立即奉上新的赞美？

赞美之后，观察员工是否采取行动

一旦行动，立即奉上新的赞美

的结束，而应当成赞美的开始。换句话说，一旦员工获得行动，要立即奉上新的赞美。

赞美之后，观察员工是否采取行动

管理者要清楚地认知一点，赞美可以激发员工的工作动力和激情。但是，员工有了动力和激情并不表示他们一定会采取积极的行动。因此，对员工进行赞美之后，管理者还应当观察员工是否采取了行动。

一旦行动，立即奉上新的赞美

如果管理者通过观察发现员工已经采取了行动，就应当立即找机会奉上新的赞美。例如，管理者可以说："我看你对这个项目很投入、积极，非常不错……我希望你再接再厉，成功完成工作任务。"

管理者在立即奉上新的赞美的同时，还可以提出自己的期待，进一步激发员工的工作动力和激情，引导员工行动起来。所以，赞美只有不断持续使用才有效。因为通过赞美可以表达期待，激励员工达成新的

任务。当员工开始执行新的任务时，管理者可以继续赞美员工，继续激励员工完成下一个任务。

简单来说，这是一个循环往复的过程。如果你停下了赞美，员工也会停止行动。

不少管理者会存在这样的疑问："如果没有行动怎么办？也要赞美员工吗？"当然要赞美员工。如果管理者发现员工在得到赞美后并没有积极行动起来，那么管理者更应当继续赞美员工，进一步激发员工采取行动。例如，"你之前的工作做得非常棒……你现在没有积极采取行动是不是因为遇到问题了？需要帮忙吗？我希望你可以在工作中继续发挥自己的优势，我相信你可以比上一次做得更好。"在员工再次得到赞美时，他会反思自己没有行动的原因，并且会积极行动起来，改正自己的行为。

总而言之，管理者在对员工进行赞美或表扬之后，还要学会观察员工的行动。如果获得了行动，就立即奉上新的赞美，促进员工更积极地工作；如果没有获得行动，也要继续赞美，以进一步激发员工的工作动力和激情，引导员工采取行动。

第 6 章

教练心理学：复盘，让员工看到成长

让员工看到自己的成长，才能促进他们更有信心地改进自己的行为，不断提升自己。复盘就是一个让员工看到自己成长的好方法。

01 在复盘中看到成长

为了提升团队的工作效率，章小万经常给团队的小伙伴安排销售技能培训课程。但是培训结束后，员工常常抱怨培训只会浪费他们的工作时间，根本没有效果。章小万对此感到不解，并主动求助周总。周总问：“培训之后你会复盘培训的内容吗？”章小万摇摇头。周总接着说：“那问题就出在这里了。如果不进行复盘，员工很难看到自己在培训中的成长。这样他们自然会认为培训是在浪费时间。”

著名作家陈中在其著作《复盘》中提到，每个人都有三种学习途径：

从书本上学习前人的知识；

从自己身边的人身上学习其先进；

向自己过去的经验和教训学习。

其中，我们向书本学、向身边的人学一共只占30%，剩下的70%

从自己的经验和教训中学习的最佳方式就是复盘。

都是向自己过去的经验和教训学习。从自己的经验和教训中学习最佳的方式就是复盘。

“复盘”一词源于围棋。在下棋的过程中，棋手可以通过不断复盘进行自我反省，发现自己的不足之处，看到自己的成长。这样他们的技术才能得以提升。后来，复盘也被广泛运用到企业管理中，用于完成一个项目后对整个项目进行回顾。

著名企业家柳传志曾说：“学习能力是什么？不断的总结，打一次仗，经常的‘复盘’，把怎么打的边界条件先弄清楚，一次次的总结以后，自然水平会越来越高。这实际上是智慧，已经超出了聪明的范围。”

很多时候，管理者只会强调员工要按时完成某一个工作任务。于是，员工只会按部就班地工作，懒于思考。时间到了，管理者能获得的结果无非两个：员工完成了工作任务或员工没有完成工作任务。至于员工是如何完成任务的，或员工为什么没有完成任务，管理者

不清楚，员工自己也不清楚。在这种情况下，员工自然无法看到自己的成长。如果员工看不到自己的成长，那么他们就会慢慢丧失对工作的功力。这显然不是管理者想要的结果。

所以，管理者要想改进员工的行为，提升员工的工作效率，首先就应当通过复盘，让员工看到自己的成长。

让他们看到自己成功的行动或失败的行动

通过复盘让员工看到自己的成长，其实就是通过复盘让员工回顾完成工作任务的整个过程，从中看到自己成功的行动或失败的行动。

成功的行动是指能够促进员工达到最终的工作目的的行动。例如，见客户之前了解客户的相关信息，能够促进沟通有效进行，有利于达到最终的工作目的。这就是成功的行动。管理者可以通过复盘，帮助员工回顾工作内容，从中找出这样的成功的行动。这样员工就能清楚地看

到自己的成功的行动，看到自己在工作中的成长。

失败的行动与成功的行动是相对的，是指阻碍员工达到最终工作目的的行动。例如，不制订工作计划。不制订工作计划，很容易让员工在工作中忙得一团乱，无法顺利达到最终工作目的。这就是失败的行动。同样，管理者可以通过复盘，帮助员工回顾工作内容，从中找出失败的行动。通过失败的行动，员工可以深刻认识到自己的不足，并会主动思考改进的方法。这也是一种成长。

让员工看到自己的改变

实际上，员工的改变不仅在于完成工作任务，提升工作技能，还在于他们的工作态度变得积极。简单来说，只要他们在改进自己的行为，那就是成长。

让员工看到自己的改变，其实就是将员工现在的行为与之前的行为进行对比。复盘完全可以实现这一点。管理者可以让员工回顾当前的工作行为，然后引导员工将当前的行为与过去的行为进行对比。

例如，员工现在表现很积极，乐于和同事沟通。但是在之前的工作中，员工不喜欢表达自己的想法，更不愿意和同事沟通。通过这样的对比，员工就能看到自己的成长，也会更加有动力，不断改进自己的行为，继续成长。

02 让员工成为回顾的主角

为了让团队的员工看到他们在工作中获得的成长，促进他们更加积极地工作，章小万在每次任务完成后都会定期进行复盘。在整个复盘工作中，她非常详细地回顾了员工的工作情况，指出了他们存在的问题。虽然这样复盘之后不少员工能够认识到自己的行为并开始改进，但仍有一些员工没有太大改变。章小万为此又开始苦恼起来。

在上一节我们提到：70%的学习途径都是向自己过去的经验和教训学习。这里我们需要注意这句话里的关键词是“自己”，而不是“别人”。也就是说，在回顾的过程中，主角始终是自己。如果回顾的主角换成了他人，那么我们自己就无法深刻认识到自己的不足，也无法真正看到自己的成长。所以，在进行回顾时，一定要让员工成为回顾的主角。

但是，很少有管理者能认识到这一点。在他们看来，复盘就是

回顾的主角如果不是员工，他们将很难看到自己的不足之处。

带着员工把他们工作的整个过程回顾一下。在回顾之前，管理者会花大量的时间和精力准备相关资料，仔细分析员工存在的问题或员工取得的进步。然后，管理者会在回顾时，详细告诉员工他存在的问题或取得的进步。管理者认为，这样员工就能清楚自己的哪些行为要继续保持，哪些行为要改进。例如，章小万在帮助员工对项目进行回顾时，自己当了主角。

管理者的这种行为其实就是反客为主，抢了员工的“主角”。这样会出现以下几个问题。

员工不会主动、深入地思考。如果回顾的主角是管理者，那么员工只是听众，进而不会主动、深入地思考。员工一旦不主动、深入地思考，他们就无法看到自己的成长，进而不会改进自己的行为。

员工很难接受你指出的错误。心理学研究表明，人们很难接受他人直接指出自己的错误。但是，如果这个错误是他们自己深刻认识到的，那么他

让员工表达并引导员工回顾，就是让员工做回顾的主角。

们会更容易接受。所以，如果管理者作为回顾的主角，直接指出员工的错误，那么员工会很难接受，这时候就更谈不上改进行为了。

对员工的工作了解不全面，存在主观偏见。管理者不会时时刻刻待在员工的身边，只能回顾员工的工作结果或一部分工作中的事情。这些只是员工工作的一部分，不能反映员工的全部工作。而且管理者在回顾时可能存在主观偏见，回顾的内容会与员工实际的工作内容存在偏差。这种偏差会影响最终的复盘效果。

所以，管理者在进行复盘工作时，一定要摆正自己的位置，让员工成为回顾的主角。

让员工先尽情地表达

不少管理者在复盘时会把现场的气氛搞得特别严肃、紧张，导致员工不敢表达，或者员工只会简单地说“我……做得不好”“我没有达

引导员工回顾的最简单的方法就是提问。

到目标”“我不应该犯那种错误”……复盘不是让员工做检讨，这样不利于管理者了解员工的整个工作过程，也不利于员工正确认识自己在工作中的行为。所以，复盘时，管理者要先让员工尽情表达，尽情回顾。例如，“对于这次工作你有什么想说的？什么都可以说。”

在员工回顾的过程中，管理者可以记录员工表达的要点或员工的一些想法，以便顺利进行后面的复盘工作。

引导员工回顾

每个人的想法不同。也就是说，员工很有可能会天马行空地表达自己的想法。这些表达可能有很多信息与复盘工作无关。那么这时，管理者要如何做？管理者依然要让员工当回顾的主角，但是要学会引导员工回顾。这样既能让员工深入思考，又能让管理者获得自己想要的信息。

引导员工回顾的最简单的方法就是提问。管理者可以通过以下几个问题，引导员工回顾。

你最初的工作目标是什么？首先，让员工回顾最初的工作目标，让他清楚自己想要达成的工作结果。

在达到目标的过程中你做了什么？让员工回顾为了达到这个目标他采取了哪些行动。

你是否遇到了问题？让员工回顾在达到目标的过程中遇到的问题。

你是如何解决问题的或为什么没有解决问题？让员工回顾他当时采取了哪些措施解决这个问题，或当初是因为什么阻碍了他解决这个问题。

你达成了什么样的结果？目标是员工自己希望达成的结果，而结果是员工实际做到的。 让员工回顾结果， 可以让他明确实际结果与目标的差距， 或知道自己的哪些行为帮助他达到了目标。

以上几个问题可以引导员工全面回顾整个工作过程， 帮助管理者获得有效的信息。 在这些信息的基础上， 管理者可以更好地引导员工进一步展开复盘工作。

回顾成功的行动的4个步骤

小旭在上一次培训课程结束之后，连续成功签下了6个订单。为了帮助小旭巩固成功经验并让团队其他成员借鉴他的成功经验，章小万鼓励小旭和大家分享一下他的成功的行动。

复盘的核心价值之一是从成功经验中学习，巩固成功经验。

要实现这个价值，就要通过回顾成功的行动，提取成功因素。提取成功因素会给员工本人，乃至整个团队带来利益。

具体来说，提取成功因素对员工本人和团队的利益主要体现在以下两点。

成功因素可以再现在员工本人身上。提取成功因素后，员工会非常清楚地知道自己的成功是因为哪些因素，然后会在今后的工作中再现这样的因素。

成功因素可供团队的其他员工借鉴。提取成功因素后，团队的其他员工也可以借鉴该员工的成功因素。虽然这个成功因素不一定适用于每一个员工，但是这并不影响其他员工借鉴。如果借鉴成功，那么可以帮助其他员工获得成长，提升业绩。如果借鉴失败，那么员工还可以

从成功经验中学习，巩固成功经验。

继续提取成功因素，并不会给团队造成损失。

但是，管理者要注意的是，回顾成功的行动不是简单地让员工回顾自己在工作中的行动。真正意义上的回顾成功的行动，要遵循以下 4 个步骤。

第一步，描述具体的工作情况

描述具体的工作情况是指描述从接到工作安排的那一刻到达成工作结果的那一刻的所有行动。描述的时候，管理者应当要求员工按照时间顺序进行描述。这个时间不需要详细到每一天的某个时间段，只需要按照工作任务进行的时间顺序描述即可。

例如，3 月 2 日上午打电话约客户当天下午 14:00 见面。3 月 2 日 13:00 到达约定地点，等待与客户见面。

管理者要注意的是，应当要求员工采用描述性的语言回顾工作情况。

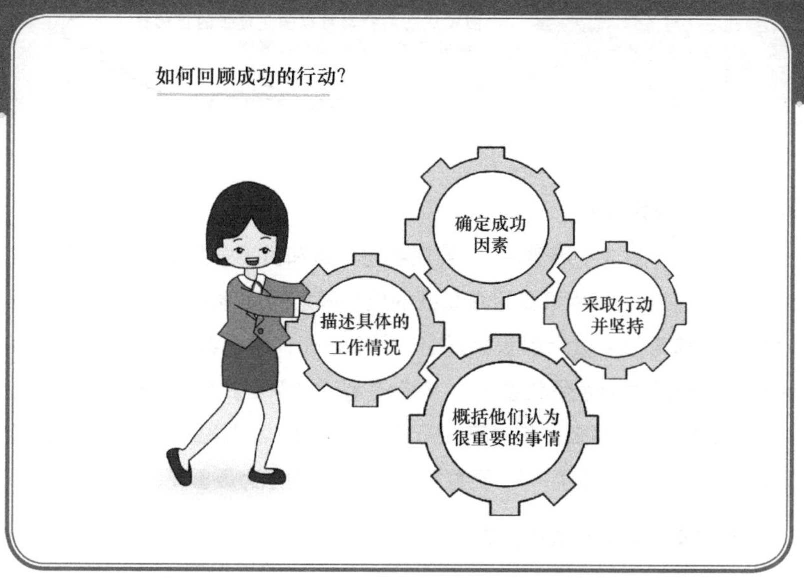

简单来说，就是要描述事实，不应当掺杂任何个人主观感情色彩。例如，员工不能描述："我与客户约定 14:00 见面，我提前一个小时就到了。我感觉这个客户就是因为我提前到了，感受到了我的诚意，才和我签合同的。"应当说："我与客户约定 14:00 见面，我提前一个小时到了。"在描述的时候掺杂个人主观感情色彩，会影响提取成功因素。例如，这位员工的成功因素可能是因为他的沟通能力强，而不是因为他提前抵达约定地点。

第二步，确定成功因素

在员工描述结束后，管理者要让员工观察自己工作中的细节，并列出自己认为的所有的成功因素。例如，"尊重客户""了解客户需求""采纳其他人的建议"等。

员工可以尽可能多地列出自己认为的成功因素，这样才能更准确地

找出真正的成功因素。

列出所有的成功因素后，管理者还应当和员工一起确定最重要的成功因素。判断一个因素是否最重要的成功因素的关键是，这个因素是否会给工作结果带来极大的积极影响。例如，“尊重客户”这个因素很大程度上能促进沟通顺利进行，不但有利于了解客户需求，还有利于达成想要的结果。那么，相对于“了解客户需求”“采纳其他人的建议”来说，如果“尊重客户”更重要，就可以确定为最重要的成功因素。

第三步，采取行动并坚持

员工提取成功因素后，管理者还应当让员工将他们的成功因素与他们的行为联系起来。例如，尊重客户是成功因素，这个因素引导的行为是提前抵达约定地点。

这样员工才知道在以后的工作中，具体应该采取什么样的行动并坚持下去。

第四步，概括他们认为很重要的事情

为了确保员工可以在今后的工作中重现成功因素，管理者还应当要求员工概括他们认为行动中很重要的事情是什么。

例如，提前抵达约定地点时，要检查客户的资料准备得是否齐全，并想好和客户见面的开场白。

回顾成功的行动，其实就是让员工试想一下，下次要想获得成功，应该采取哪些行动。这种方式，也可以强化员工的正确行为，有利于提升员工的工作动力和激情。

回顾失败的行动的4个步骤

章小万发现小睿业绩严重下滑，以前犯的错误还会再犯，于是找小睿面谈，问她：“为什么之前犯过的错误这次又犯了呢？”小睿委屈地说：“我并不知道具体哪里做错了，所以我也不知道要怎么改进。”

复盘的核心价值之二是改进错误的行为，从错误中学会成长。

中国著名学者钱学森曾说：“正确的结果都是从大量的错误中得出来的；没有大量的错误做台阶，也就登不上最后正确结果的高座。”但是，不少管理者会忽视这一点。他们可能更在乎员工的成功的行动，因为从这里面提取的成功因素可以直接使用。对于工作失败的员工，他们更多看到的是他们身上存在的问题。

实际上，对于优秀的管理者而言，他们更多关注的不应该是工作失败的员工身上存在的问题，而是如何帮助这些员工认识到这些问题并解决这些问题。所以，他们会帮助工作失败的员工回顾失败的行动，从中提取失败因素。

回顾失败的行动，提取失败因素同样可以给员工本人和团队带来利益。具体体现在以下几点。

改进错误的行为，
从错误中学会成长。

帮助员工本人规避失败因素。提取失败因素，可以让员工清楚地知道自己工作失败是由哪些因素导致的。这样他们在今后的工作中，就会有意识地去规避这些失败因素。

帮助团队其他的员工规避失败因素。提取失败因素后，团队的其他成员也可以以此为鉴，在今后的工作中规避这些失败因素。虽然借鉴成功因素不一定可以让其他员工获得成功，但是规避失败因素一定可以让员工少走弯路。少走弯路，其实就是成功了一小半。

减少团队的损失。员工的失败或多或少会伴随着一些损失。例如，某员工与客户洽谈合作事宜时看错了价格，把原本价格为 20000 元的产品以 2000 元的价格卖给了客户。这对团队、企业来说是一个巨大的损失。如果管理者从中提取失败因素，那么就有利于规避团队所有员工再犯类似的错误，减少给团队、企业带来的损失。

回顾失败的行动和回顾成功的行动一样，不是简单地让员工回顾自

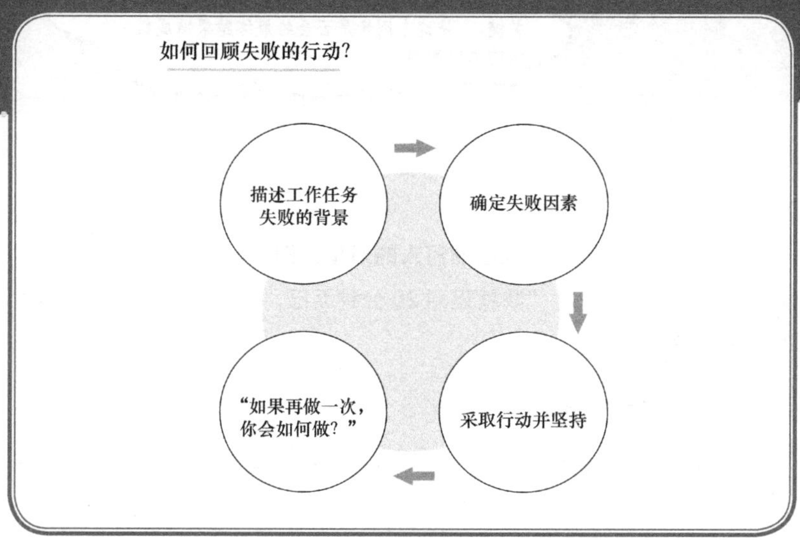

己在工作中的行动。真正意义上的回顾失败的行动，也要遵循4个步骤。

第一步，描述工作任务失败的背景

描述工作任务失败的背景是指描述从接到工作安排的那一刻到工作结束的那一刻的所有行动。描述的时候，管理者也应当要求员工按照时间顺序进行描述。这个时间不需要详细到每一天的某个时间段，只需要按照工作任务进行的时间顺序描述即可。

但是，与描述工作任务成功的工作情况不同的是，描述工作任务失败的背景更关注的是工作中遇到的问题。因此，描述工作任务失败的背景时要注意以下几点。

用数据说话。例如，“我计划一周约见10个客户，实际上只见了4个。”

描述工作任务失败的事实。员工在描述工作任务失败的背景时，不要描述工作任务失败的主观感受，如“我迟到了一会儿，客户非常生气”，而应当描述工作任务失败的事实，如“我与客户约定下午14:00

判断一个因素是否最重要的失败因素的关键，是这个因素是否会给最终结果造成极大的消极影响。

见面，但我14:20才抵达。”

描述问题的时候不要判断任何人的对错。例如，员工描述问题的时候，不能主观臆断：“我就迟到20分钟而已，客户太认真了，这点儿小事也计较。”

第二步，确定失败因素

认真听完员工描述后，管理者要让员工仔细回顾工作的细节，让员工写出他认为的工作中的失败因素。

例如，“解决客户的投诉问题花了5天时间”“整理客户的资料花了3天时间”。

管理者应当要求员工尽可能多地列出他认为的失败因素。

这里要提醒管理者注意的问题是，员工在面对成功和失败的时候，心理状态是完全不同的。当员工成功的时候，他们内心是积极的，因此他们愿意主动说出自己认为的成功因素。但是，当员工失败的时候，他们内心可能是消极的，因此他们不愿意过多地表达自己认为的失败因素。所以，对于那些失败的员工，管理者就要采取一些措施鼓励他们积极地表达，尽可能多地列出他们认为的失败因素。例如，“列出自己认为可能存在的失败因素，并不代表一定是这些因素导致你工作失败，也不一定代表你的工作做得不好。我们要知道，列出这些失败因素，是为了让我们以后可以做得更好。”当员工知道自己可以从中获得成长时，他们自然愿意放下内心的警惕，尽可能多地列出他认为的失败因素。

列出所有的失败因素后，管理者还应当和员工一起确认最重要的失

在员工失败的行为中或多或少地存在员工本身的失败因素，哪怕只有 1%，也会影响员工改进行为。

败因素。判断一个因素是否最重要的失败因素的关键是，这个因素是否会给最终结果造成极大的消极影响。例如，“解决客户的投诉花了 5 天时间”，这个因素可能会影响客户的情绪，同时也会严重影响员工的工作效率。也就是说，这个因素会给工作结果带来负面的影响。那么，就可以确定“解决客户的投诉花了 5 天时间”就是失败因素。

第三步，采取行动并坚持

员工提取失败因素后，管理者还应当让员工将他们的失败因素与他们的行为联系起来。即使员工的失败因素源于外部环境或其他人的行为，也应当仔细考虑这些因素导致他们产生了哪些行为。因为在这些行为中或多或少地存在员工本身的失败因素，哪怕只有 1%，也会影响员工改进行为。例如，“我不知道解决客户投诉的时候要怎么做，我忙得一团乱”“整理客户资料的时候我一点儿头绪都没有”。

这样员工才知道在以后的工作中具体应该采取什么样的行动去规避这些失败因素并坚持下去。

第四步，“如果再做一次，你会如何做？”

最后，管理者要向员工提问：“如果再做一次，你会如何做”，这样可以引导员工主动思考如何改进自己的行为。

例如，“制订工作计划”“定期对市场进行调研”“当遇到自己解决不了的问题时，及时向领导反馈”等。

这种提问可以加深员工对自己的失败因素的认识，并且能进一步引导员工积极行动起来，改进自己的行为。

05 一对一面谈回顾的策略

章小万在每次项目结束后，都会定期进行复盘。她发现小睿在每次复盘中都有所收获，但是小鑫没有在复盘后主动、积极地改进自己的行为。章小万不知道如何做才能解决这个问题。

大多数管理者会在项目结束之后，召集项目相关人员一起进行复盘。这种方式有利于大家进行头脑风暴，一起分享成功或失败的经验，共同获得成长。但是，这种方式也存在一些弊端，就是管理者的时间和精力有限，没有办法让每一位员工都详细回顾自己的工作。这样就会导致一些员工无法深刻认识自己的行为是正确的还是错误的，进而无法改进自己的行为。

例如，章小万虽然每次项目结束后都进行了总结复盘，但是小鑫却依然认识不到自己存在的问题，没有改进行为，最终无法获得成长。

为了避免这种问题，管理者除了要采取集体复盘外，还应当采取一对一面谈回顾。一对一面谈回顾，能够帮助管理者和员工更全面、深入地了解员工成功或失败的行动，进而可以提出有针对性的建议，

一对一面谈回顾，可以有针对性地帮助员工解决问题。

帮助员工成长。

确定面谈回顾的周期

一对一面谈最好周期性地进行，这样才能系统性地了解员工的工作情况，进而才能更好地帮助员工成长。

一般来说，一对一面谈回顾的周期为一周一次或两周一次，每次面谈时间在 30 分钟左右比较好。面谈过于频繁、交谈时间过长很可能让员工产生厌烦情绪，进而会影响面谈回顾的效果。当然，具体周期、时间如何定要根据员工个人情况及工作情况来定。

面谈回顾前做好充分的、有针对性的准备

面谈回顾是管理者与员工深入接触的机会，更是管理者了解员工工

作情况，帮助员工改进行为的机会。因此，在进行一对一面谈回顾之前，管理者一定要做好充分的、有针对性的准备。

管理者可以结合以下几个问题，做好充分的、有针对性的准备。

员工是否达到了目标？

员工在这次工作中存在哪些问题？

员工取得了哪些成就？

员工这次工作较上次工作的差别是什么？

希望员工怎么改进？

有哪些建议？

做好这些准备，有利于管理者更顺利地展开一对一面谈回顾。

提前通知员工，让员工做好相关准备

面谈回顾是双向的，管理者要做好充分的、有针对性的准备，同

进行一对一面谈回顾的时候，要让员工当主角，而且每一次对话的主题都要让员工提出。

样也应当提前通知员工，让员工做好相关准备。

具体来说，管理者应当提前通知员工做好以下准备。

整理好与工作任务相关的资料。

最初的工作目标。

最终达成的工作结果。

最终达成的工作结果与最初的工作目标之间的差距。

取得了哪些成就或获得了哪些成长。

工作中遇到的问题。

其他想法或建议。

这样才能确保双方的信息对称，面谈回顾能顺利进行。

面谈话题与员工的工作目标密切相关

管理者在进行一对一面谈回顾时，不要一味地强调团队的目标是什么，而是应该更多地关注员工的目标。因为一味地强调团队目标，强调员工是不是为团队做了贡献，会让员工感觉自己只是在为团队工作，进而很可能因此产生逆反心理。这种状态下的面谈回顾，显然是无效的。

为了避免员工产生这种心理，管理者在进行一对一面谈回顾的时候，要把焦点放在员工个人的目标上。管理者要清楚了解员工个人的目标是什么，是否达到了。如果达到了，要帮员工分析并提取成功因素；如果失败了，要帮员工分析并提取失败因素。这样做，才能让员工感受到一对一面谈回顾的意义和价值。

每一次对话的主题都让员工提出

在进行一对一面谈回顾的时候，要让员工当主角，而且每一次对话的主题都要让员工提出。

让员工提出话题，能够有效提升员工表达的欲望，进而可以帮助管理者获取更多的相关信息。此外，面谈回顾是双向的，管理者需要从员工那里获取信息，员工也需要从管理者那里获取自己不知道的信息。所以，在一对一面谈回顾的过程中，管理者还应当根据员工的需求，向员工传达他们不知道的信息。

每次计划付诸行动后仍要进行回顾

一对一面谈结束后，管理者应当与员工商量改进的计划。当员工付诸行动后，管理者还要找合适的时间与员工进行面谈回顾。回顾内容是上一次的行动计划，围绕那个主题再次展开面谈。也就是说，面谈回顾是一个需要不断反复进行的工作。只有这样不断面谈回顾，员工才能不断地改进自己的行为，不断成长。

第 7 章

自我管理心理学：磨炼领导力，带出更高效的团队

管理者要想带出更高效的团队，前提是要学会自我管理，磨炼领导力。

01 重新审视自己的管理方式

周一早上，周总把小鑫叫到办公室，大声训斥道：“这个错误你不应该犯的。你最近究竟是怎么了？”小鑫低头不语。小鑫心想：“我知道我犯错了，但是一大早就把我叫到办公室大声训斥，也太让我伤心了！”

不少管理者常常抱怨，新生代员工在工作中总会表现出一些令人匪夷所思的行为。

员工因为被领导训斥了一顿，第二天直接辞职了；

员工因为公司不提供下午茶而跳槽；

员工因为迟到被扣钱与领导发生矛盾；

……

对于员工的这些行为，管理者很苦恼。在他们看来，新生代员工就是想得太多、做得太少，典型的眼高手低。但正因为管理秉持这种传统的思想观念，所以导致团队的新生代员工不断流失。最后，人员流失成了阻碍团队发展的严重问题。

一味地抱怨员工问题多，
只会挫伤员工的积极性。

古希腊著名的哲学家苏格拉底（Socrates）有一句名言：认识你自己。这句名言在现实中的意义是：重新审视自己，发现自己的能力和不足，从而更好地改进自己。同样的道理，当团队存在问题时，管理者应该把目光从团队、员工的身上拉回到自己的身上，重新审视自己的管理方式是否存在问题，从自己开始改进，而不是只会抱怨员工问题多，不好管理。

管理者要清醒地认识到，时代的发展促使员工的需求发生了巨大的变化。这种变化是管理者无法改变的，但是你可以通过改变自己的管理方式去适应时代的变化，去满足员工个性化、多样化的需求，进而引导员工改进行为。

所以，如果你的团队存在问题，你的员工总是做出一些令你匪夷所思的行为，那你就要重新审视下自己的管理方式。

如何重新审视自己的管理方式?

深度反思

有效提问

获取新的信息

深度反思：自己的管理方式是否存在问题

无论团队出现什么问题，员工做出什么样的行为，管理者切不可气急败坏地直接指责员工，而是应该先反思自己是否存在问题。

当然，我们要求管理者先反思自己是否存在问题，并不是说在没有对事情了解的前提下，就开始反思，这种反思是无效的。管理者应当先收集相关数据和资料，然后反思自己是否存在管理方面的问题。这样更利于管理者有效审视自己的管理方式。

员工的建议仅供管理者参考，为管理者提供自我审视的方向。

管理中的很多问题源于错误的管理方式。

有效提问：听听员工的想法

管理者要想审视自己的管理方式是否存在问题， 最简单、 直接的方式就是向员工询问， 听听他们的想法。

例如， 某员工上班经常迟到。 但是除此之外， 这位员工并没有其他不好的行为， 工作上表现得很积极。 该员工因为接受不了迟到被扣钱而提出辞职。 对团队而言， 由此失去这位员工显然十分可惜。 这个时候， 管理者可以询问员工的想法， 听听他的建议。 员工可能会说：“我希望可以采取弹性工作制。 只要我们能按质按量完成工作任务， 我们可以晚一个小时上班或早一个小时下班。” 管理者可以根据员工的建议进行自我审视， 看看自己的管理方式是否需要根据员工的建议改进。

当然， 并不是每一位员工的建议都是正确的， 或都有利于推动团队的发展。 所以，员工的建议仅供管理者参考，为管理者提供自我审视的方向，具体要如何改进管理方式， 管理者应当根据团队的实际情况来定。

获取新的信息：从外界审视自己

管理者要想审视自己的管理方式是否存在问题， 还可以从互联网、书籍或其他相关渠道获取新的信息， 了解那些成功企业的管理方式。 这种方式就是从外界审视自己。

罗辑思维公司有一个非常出名的节操币管理方式。罗辑思维使用节操币的要点如下：

第一，节操币只会因为工作的原因发放；

第二，节操币会公开发放，并且会在公司的工作群里进行公示；

第三，节操币具有实际价值，如员工可以使用节操币在附近的商圈购买东西，或者在年底的评比中作为评选最佳员工的指标。

使用节操币是为了促进团队的协作，激发员工的工作热情。这种管理方式在罗辑思维团队中的确有很明显的成效。

看了罗辑思维公司的管理方式，管理者可以问自己几个问题。

罗辑思维公司为什么会采取这种管理方式？

我的管理方式是不是也应该进行变革？

我的团队是否适合采取这种管理方式？

如果罗辑思维公司的这种管理方式在你的团队行不通，那么你可以根据团队的性质继续寻找更适合团队的管理方式，并进行改革。

管理中的很多问题都源于错误的管理方式。所以，管理者要想带出更高效的员工，首先要学会审视自己的管理方式。

管理者的意识改变团队行为

周总在项目会议上说：“这个项目我想……这样才能高效地完成任务。”章小万说：“周总，这样的确能提高效率，但是可能会出现严重的质量问题……”周总说：“我更看重效率。”于是，大家都按照周总的要求展开工作。但是，在项目的进行过程中，大家为了追求效率导致问题频出。最后，团队不但没有高效地完成任务，反而因为出现了严重的质量问题而导致效率降低。

在心理学发展早期，意识曾是心理学研究的中心问题之一。不过迄今为止，人们对意识并没有一个明确的定义。就心理状态而言，“意识”是指清醒、警觉、觉察、注意等。就心理内容而言，“意识”包括用语言表达出的一些东西，如对往事的回忆，对某件事情的看法等。在行为水平上，“意识”是指受意愿支配的动作或活动，与自动化的动作相反。例如，员工选择工作方式的时候，是受意识支配的。本节内容，我们要介绍的是行为水平的“意识”。

简单来说，员工的意识决定了员工的行为，而员工的行为决定了员

将自己的想法强加给员工，会导致员工更不愿意积极主动地工作。

工的工作效果。因此，不少管理者在员工无法达成理想的工作结果时，会认为是员工的意识存在问题。于是他们会想办法改变员工的意识。例如，将自己的想法强加给员工。但是管理者会发现，这样做不但不能促进员工改进自己的行为，反而会导致员工更不愿意积极主动地工作。

心理学研究表明：任何人都不会轻易地被改变。也就是说，管理者不可能轻易地改变员工的意识，进而无法改变团队的行为。但是，管理者可以通过改变自己的意识影响团队的员工，引导团队的员工主动改进自己的行为。

心理学上，人的意识有 4 个发展阶段，管理者的意识也是如此。

第一个阶段：基于自己的欲望展开行动。简单来说，是指管理者按照自己的意愿和想法行事，不会考虑员工的意愿和想法。这样做很容易让员工产生逆反心理，不愿意积极主动地工作。

第二个阶段：在员工的建议下思考和行动。这一点与上面一点是相对

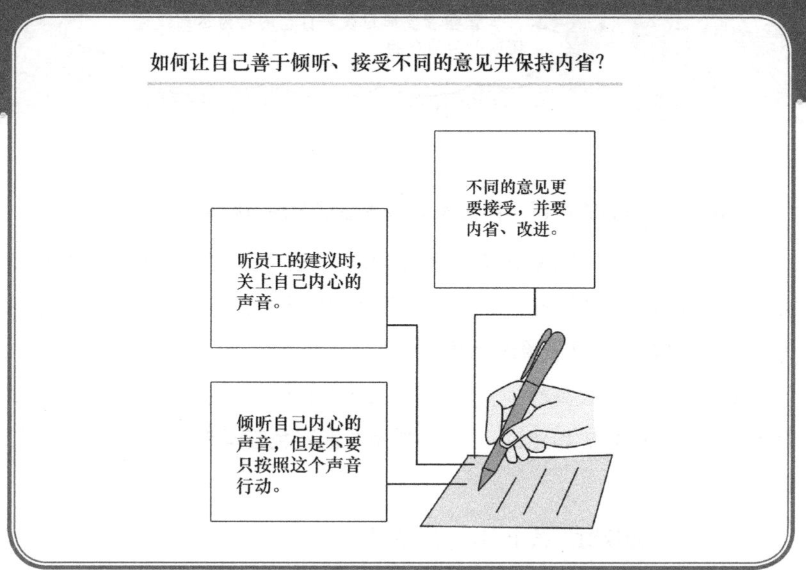

的，是指管理者没有自己的主观意识，完全听从员工的建议。这样做很可能会让员工骄傲自满，不思进取，更谈不上改进行为。

第三个阶段：只听自己想听的建议。这个阶段管理者不会完全不听员工的建议，也不会完全听员工的建议，而是只听自己想听的建议。员工可能出现阿谀奉承的行为。这种行为只会阻碍员工成长，阻碍团队发展。

第四个阶段：倾听、接受不同的意见，并保持内省。当管理者的意识发展到这个阶段的时候，他们会倾听并接受与自己不同的意见，而且还会内省，反思自己存在的问题，并积极主动地改进自己的行为。

每一个阶段的意识都没有正确或错误之分，但是意识只有发展到第四个阶段，才更利于管理者全面地看待问题，做出正确的决策，进而才能正确地引导员工改进行为。所以，管理者应当深刻认识意识发展的 4 个阶段，并努力让自己的意识提升到第四个阶段。

管理者要通过改进自己的行为达到改进团队行为的目的。

倾听自己内心的声音，但是不要只按照这个声音行动

管理者内心的声音就是管理者的意识。这个意识有可能是正确的，有利于促进员工改进行为。所以，管理者也要学会倾听自己内心的声音。但是，管理者不能只按照这个声音行动。

管理者应当提醒自己："我不能仅凭自己的想法去工作，我应当听听团队其他人的想法和建议。"这样做才能避免管理者主观臆断，做出错误的决策。

听员工的建议时，关上自己内心的声音

很多管理者之所以难以听进员工的想法和建议，是因为此时他们内心的声音也是打开的。内心的声音会不断地告诉他："不对，我不同意。""这个想法本身就存在逻辑问题。""怎么可能，这样是行不通的。"……在这些声音的干扰下，管理者不但听不进去员工的表达，还很有可能会立马打断员工，驳斥员工的想法和建议。

如果管理者这么做，那么你的意识永远都只能停留在第一个阶段或第三个阶段。所以，管理者要想将意识提升到第四个阶段，就要学会在倾听员工的建议的时候，关上自己内心的声音。

不同的意见更要接受，并要内省、改进

中国有句古话："忠言逆耳利于行"，意思是教人从善的语言多数是不太动听的，但有利于人们改正缺点。同样，管理者要接受员工的意见是一件很难的事情，但是有利于管理者内省并改进自己的行为。而且这样做，员工也会因为自己的意见被管理者采纳而变得更愿意表达自己，也更愿意积极主动地工作。归根结底，管理者是通过改进自己的行为达到改进团队行为的目的。

管理者意识的发展阶段是一个循序渐进的过程。也就是说，管理者需要一个阶段接着一个阶段地往上走，而不是一下就从第一个阶段跳到第四个阶段。所以，无论你当前处于哪个阶段，都要正视自己的问题，学会提升自己的意识，尝试提升到下一个阶段，直到一步步升级到第四个阶段。

03 看到真实的自己和团队

在确定新产品的营销策略时，章小万想借助某短视频平台引流，因为这样可以在短时间内获取很多流量，提升产品的销量。如果新产品能取得不错的销量，章小万或许能因此得到一笔丰厚的奖金。但是，章小万内心真正的声音是："这样做成本大，风险大，很有可能不但无法获利，还会给团队带来严重的损失。"到底应该如何做？章小万的内心十分纠结。

人的行动都是由人的意识支配的，而且意识会因为外界因素的变化而变化。也就是说，我们很有可能因为外界因素的变化而改变自己的意识，改变自己的行动。

如果仔细观察的话，你会发现自己的意识会受到各种外界因素的影响，你会从中发现各种各样的自己。

因为金钱而行动的自己；

因为名誉而行动的自己；

人的意识会受到各种外界因素的影响。

因为地位而行动的自己；

因为想被夸奖而行动的自己；

……

在这个过程中，你会发现，如果任凭意识改变，随意改变自己的行动的话，你将很难成功地做好一件事。对于管理者来说更是如此。所以，管理者要想带出更高效的团队，要做的就不只是努力将自己提升到意识发展的第四个阶段，还要学会控制自己的意识。

控制自己的意识，不是说管理者不能有任何想法，而是说管理者应当回头看看自己，听听自己内心的声音。这样管理者才能看到真实的自己。

一位企业管理者曾说："以前觉得工作特别辛苦，之后是越来越辛苦。不过现在好了，我觉得比之前幸福多了。"他的朋友问他为什么。他回答说："现在我终于能看到真实的自己，并愿意诚实地面对真实的自己了。"管理者只有看到真实的自己，才会更加信任自己，进而能如何看到真实的自己和团队？

如何看到真实的自己？

- ✔ 你内心最深处想如何行动？
- ✔ 尊重员工很重要，但不要把自己推到角落里。
- ✔ 全面地了解自己。

如何看到真实的团队？

- ✔ 收起自己的“骄傲”，相信员工可以带来回报。
- ✔ 让员工按照他自己内心的想法去工作。

更坚定自己的行动， 更有动力带好团队。 相反， 如果管理者只是因为金钱的驱动而行动， 那么就看不到真实的自己， 而且也会培养出同样被金钱而驱动行动的员工。 一旦金钱无法满足他们日益膨胀的需求， 团队就会停止发展， 走向失败。

看到真实的自己

你内心最深处想如何行动？管理者在管理团队的过程中， 要常常问问自己 “我内心最深处想如何行动”。 这样问自己有助于保持清醒的意识， 看到真实的自己， 进而才能做出相对正确的决策。

尊重员工很重要，但不要把自己推到角落里。我们强调管理者要尊重员工， 这样才能让员工感受到温暖， 才能激发员工的工作动力和激情。 但是， 这并不是说管理者要把自己推到角落里， 不顾自己的想法。 例如， 当员工提出意见时， 即便这个意见不妥当， 管理者为了尊重员工

在带团队的过程中，管理者始终要记住，只有真实的东西才经得起推敲。

也会坚持说“是的”。这就是不真实的自己。这样并不利于管理者带出高效的团队。

全面地了解自己。管理者要想看到真实的自己，就应当全面地了解自己。例如，要了解自己的价值观，了解自己的工作方向，了解自己为什么会选择这个方向，为什么会采取这样的行动等。

看到真实的团队

斯坦福大学医学院博士、同情和利他主义研究与教育中心创始人兼主管吉姆·杜迪（Jim Doody）表示，越来越多的研究表明，独断专行的领导会使员工感到紧张和压抑。所谓的独断专行，其实就是指管理者要求员工一定要按照自己的意愿行事。在这样的氛围下，员工自然会感到紧张和压抑，进而无法高效地工作。所以，管理者不仅要学会看到真实的自己，还应当学会看到真实的团队。

收起自己的“骄傲”，相信员工可以带来回报。管理者要想看到真实的员工，关键在于管理者要学会收起自己的“骄傲”，相信员工可以给团队带来回报。只有给予员工最大的信任，团队中的员工才能真实地展现自己的实力。管理者才能看到真实的团队。

让员工按照他自己内心的想法去工作。如果员工被管理者在意的事情所束缚，或者因为管理者强加给自己的想法而勉强自己行动的话，员工就会与内心的自己产生矛盾。这种矛盾心理会大大弱化员工的行动。所以，为了强化团队员工的行动，管理者还应当鼓励员工按照他自己内心的想法去工作。否则，员工只会像机器人一般，按管理者的想法工作，而不会积极主动地思考，创造更好的绩效。

在带团队的过程中，管理者始终要记住，只有真实的东西才经得起推敲。所以，无论外界事物如何变化，都要学会看到真实的自己和团队，确保团队可以稳定健康地发展。

接受自己的多样性，接受他人的多样性

小旭和小睿抱怨：“主管也太主观臆断了。今天开会的时候，我与她持不同意见，她立即反驳我。我知道我的想法不一定对，但是她的想法就一定对吗？她不是也经常一会儿一个想法吗？哎，算了，下次再也不想表达自己的观点了。她怎么说我就怎么做吧。”

你在工作中是否会经常遇到性格迥异的员工，如有的员工性格豪爽，有的员工畏惧退缩，有的员工性情温柔，有的员工思维灵活，有的员工冲动莽撞……

甚至，你还会在工作中看到不同的自己，时而积极，时而颓废。为什么会这样？这些心理差异其实就是人格差异的表现。从心理学角度说，就是人格具备多样性。

实际上，世界上几乎所有的事物都具有与生俱来的多样性，尤其是人。因为人的意识是不断变化的，这种不断变化的意识会衍生人的多样性。这种多样性不仅体现在同一个个体身上，也会体现在不同的个体身上。

多样性体现在同一个个体身上，是指同一个人有不同的想法，不同

管理者要学会接受自己和他人的多样性。

的行为。例如，小旭说："她不是也经常一会儿一个想法吗？"这说明主管这个人是多样性的。

多样性体现在不同的个体上，是指不同的人有不同的想法，不同的行为。例如，在主管看来，小旭的想法与自己的想法不同，或者小旭的想法与小睿的想法不同。这就是不同个体之间的多样性。

无论这种多样性是体现在同一个个体身上，还是体现在不同的个体身上，人们似乎都很难接受。

同一个个体的多样性。简单来说，管理者身上有很多个不同的自己。这个时候，管理者会怀疑自己的思想是不是存在问题，进而会变得不自信，不接纳自己。

不同个体的多样性。当其他人的意见与管理者的意见不同时，管理者会本能地抵触。

无论是哪一种情况，都会限制管理者的思考，限制管理者看到更多的可

能性，进而会限制团队更多的可能性，限制团队的发展。所以，管理者要想带出高效的团队，就应当学会接受自己的多样性，接受他人的多样性。

接受自己的多样性

管理者的内心也许有很多不同的声音，有很多个不同的自己。例如，管理者在确定新产品的推广策略时，可能内心有两个自己。一个自己说："举办新产品推介会，这样可以提升产品销量，创造更多的收益。"另一个自己说："新产品推介会的成本太大，风险也大。"面对这些不同的声音时，管理者首先要做的是接受自己。

管理者要知道，不同的声音并不表示你是一个善变、多疑的人，而是说明你的思维很活跃，你有更多的可能性。这个时候，管理者应当告诉自己："有不同的声音很好，我可以从中选出更适合团队发展的声音，做出更正确的决策。"

这样一来，管理者就可以更自信地面对员工，更积极主动地带领团队开展工作。总的来说，管理者接受自己的多样性，就是接受自己更多的可能性。这样更利于管理者提升自己，进而有利于管理者带出更高效的团队。

接受他人的多样性

管理者不但要接受自己的多样性，还要学会接受他人的多样性。这样做才利于管理者更全面地认识自己，认识他人，认识到更多的可能性，进而利于管理者带出更高效的团队。

接受员工的多样性。实际上，管理者接受自己的多样性，更利于帮助管理者接受员工的多样性。当管理者认为自己可以有不同的想法，不同的行为时，他们就能更理解并接受员工的不同的想法和行为。

当然，接受员工的多样性不仅仅是意识层面的接受。接受员工多样性的关键是，管理者应当根据员工的多样性调整自己的管理方式。对于那些非常缺乏工作经验的员工来说，管理者要帮助他们提升专业知识和技能；对于那些有经验、潜能比较强的员工来说，管理者要给他们适当的权力和空间，让他们积极地发挥自己的能力；对于那些存在问题的员工来说，管理者一定要帮助他们诊断问题，并一起寻找解决问题的办法。这样才是真正意义上接受员工的多样性。

接受上级、同事和客户的多样性。接受他人的多样性，不限于员工，还包括管理者的上级、同事、客户等。管理者也要学会接受他们的多样性。这样做，管理者才能看到更多的可能性，才能促进自己不断改进自己的行为，改进团队的管理方式，提升团队的管理效率。

把真心希望达成的结果设定为理想和目标

章小万在月初的会议上和团队的小伙伴说：“我希望这个月我们团队的销售业绩能有所提升。”但是，月末工作总结的时候，团队实际达成的工作结果与目标相差甚远。章小万很困惑：为什么每次真心希望达成的结果，员工没有动力和激情去达成呢？

为什么很多管理者真心希望员工达成某个结果时，员工很难投入激情和动力？主要原因有以下两点。

第一，在员工看来，管理者真心希望达成的结果只不过是管理者的一个愿望，至于能不能达成对他们来说并不重要。

第二，员工并不知道如何做才能达成管理者希望的结果。

管理者希望的结果是一个模糊的概念，员工不知道做到什么样的程度才算达成了管理者希望的结果。例如，章小万说：“我希望这个月我们团队的销售业绩能有所提升。”这里的“有所提升”是指达成 10 万元的销售额还是 15 万元的销售额？员工并不清楚。

如果员工对管理者真心提出的希望的结果存在以上认知，那么员工自然没有动力和热情去达成管理者希望的结果。那么，管理者要如何做

如果不将希望达成的结果设定为理想和目标，员工就没有动力和激情去达成。

才能让员工积极主动地达成自己希望的结果呢?

从心理学上看，理想和目标更能激发员工的心理动机，引导员工积极主动地改进行为。

美国马里兰大学管理学兼心理学教授埃德温·A. 洛克（Edwin A. Locke）于1967年提出了“目标设置理论”。洛克认为外来的刺激（如奖励、工作反馈、监督的压力）都是通过目标来影响动机的。目标能引导活动指向与目标相关的行为，使人们根据难度的大小来调整努力的程度，并影响行为的持久性。

实际上，目标本身就能起到激励作用，能够把员工的需求转化为动机，使员工的行为朝着一定的方向努力。在这个过程中，他们会将自己的行为结果与他们的目标相对照，并不断改进自己的行为，以实现最初的目标。

洛克认为，目标之所以能起到激励作用，是因为它能促使人们对现

实能力与达到目标所需要的能力做比较。如果员工能认识到自己与目标之间的差距，就会积极地调整并改进自己的行为，以实现目标；如果员工相信自己可以达到目标，就会更加有信心，更努力地工作，以实现目标。

所以，管理者不要只是简单地提出自己的希望，而应当学会把自己真心希望达成的结果设定为理想和目标。

把“我想这样做”转换成“我们必须这样做”

管理者常常会说：“这件事我想这样做……”这样只会让员工认为这是你个人的愿望。管理者要清楚地知道，你是团队的管理者，你的工作职责是带领团队的员工达到目标。员工没有理由为你个人的愿望而努力工作。所以，管理者要想提升团队的工作效率，就要在传达自己的真心希望时，将“我想这样做”转换成“我们必须这样做。”

“我们必须这样做”这句话把管理者和员工归为一体，可以说是巧

> 管理者要想把自己希望达成的结果设定为理想和目标，就要为真心希望的东西设定明确的方向和标准。

妙地将自己个人的希望转变成了团队员工的理想和目标。一旦员工感知到这是自己和团队的理想和目标，他们就会更积极主动地完成任务，达成最终的理想和目标。

你希望达成的结果一定要有明确的方向

管理者在提出自己的希望时，不要只是笼统地说“希望你做得更好”“希望你可以进步”“希望我们可以有所提升”……这样的希望员工很容易达成，也很难达成，因为并没有明确的方向和标准。所以，管理者要想把自己希望达成的结果设定为理想和目标，就要为希望达成的结果设定明确的方向和标准。

目标要具体。明确的方向，其实就是指提出的目标要具体，可衡量。例如，管理者可以说：“我们团队下个月的目标是完成 20 万元的销售额。我们必须这样做，才能不断突破自己，提升自己。”这样员工才会思考自己如何做才能实现团队目标，并会积极地行动起来。

你们决定如何做？如果管理者将自己希望达成的结果设定为理想和目标后就让员工去执行，员工也很难达成。因为员工不知道如何做，才能达成理想和目标。因此，管理者将希望达成的结果设定为理想和目标后，还应当与团队员工一起讨论，你们决定如何做。在这个环节中，每个人都可以自由表达自己的想法。这样大家才能集思广益，想出高效的方法，而且这样能进一步帮助员工明确工作方向，激励员工努力达成理想和目标。

支持员工实现理想和目标

传达理想和目标的同时传达你的支持。管理者在传达团队的理想和

管理者在传达团队的理想和目标时，应当将你对员工的支持一同传达给他们。

目标时，应当将你对他们的支持一同传达给他们。例如，“你们在实现目标的过程中，遇到任何问题都可以向我反馈，我会尽全力支持你们的工作。”这样员工才能感受到管理者的诚意，进而才会尽全力去实现理想和目标。

不要只是希望他们做到，要用实际行动支持他们达成理想和目标。传达了团队的理想和目标后，管理者不能放任不管。管理者应当在员工采取行动时，适当监督员工的工作，以便及时给员工提供帮助。一旦员工看到管理者在采取积极的行动，他们也会变得更加积极、主动。

06 领导不能逃避

周总给章小万安排了一项重要且紧急的任务。章小万接到任务后感到十分焦虑。虽然她知道这个任务很难完成，但是她也不得不接受周总的安排。最后，她干脆直接将这个任务交给了团队的员工。她心想："反正执行的人是员工，索性让员工自己思考怎么解决问题吧。这样自己也不会太累。"

从心理学角度看，人们普遍存在逃避心理。这种心理是指，人们会本能地趋利避害，逃避对自己不利的事情。

例如，章小万接到重要且紧急的工作任务时，虽然很焦虑，但她并没有做什么，而是直接将这种焦虑转给了员工。这种行为就是典型的逃避心理。

但是，逃避能解决问题吗？显然不能。作为团队的领导，逃避不但不能解决问题，反而会滋生更多的问题。

领导力无法提升，职位很容易被取代。如果你一直逃避问题，那么

人们会本能地趋利避害，
逃避对自己不利的事情。

你的领导力将无法得到提升，久而久之，你的职位很可能会被比你能力更强的人取代。

员工会效仿你的错误行为。员工很容易效仿领导的行为。所以，如果领导面对问题的时候总是逃避，那么员工在工作上遇到问题的时候也会选择逃避。这样的团队永远无法创造高绩效。

给团队、企业造成损失。领导逃避问题，意味着领导会把问题推给员工。如果员工无法解决这个问题，那么就会给团队、企业造成损失。

所以，作为团队的领导，无论面对什么样的艰巨任务，什么样的困难和挑战，都不能逃避。

员工在看着你

在管理者看来，员工的一言一行都看在他的眼里。他能很清楚地看到哪些员工很积极，哪些员工不上进。但是，管理者没有认识到，员

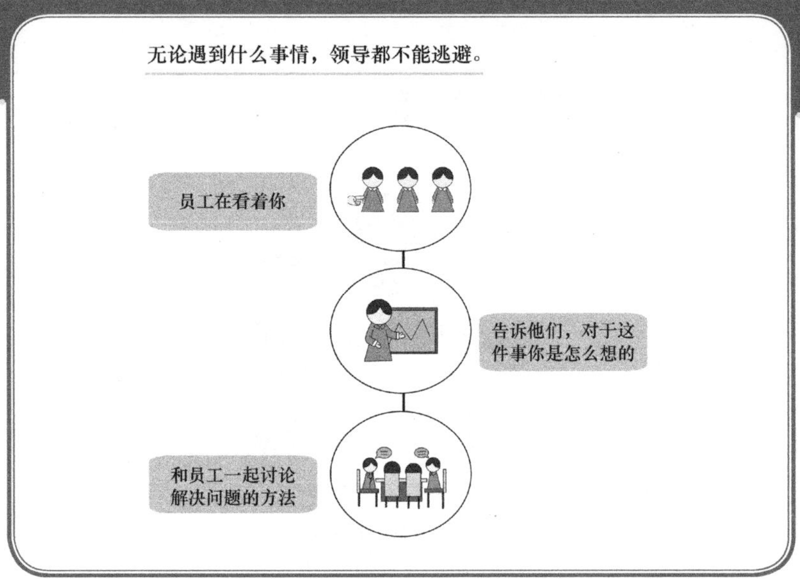

工其实也在看着你，你的一言一行也在他们的眼里，而且他们还会效仿你的行为。

所以，为了调动团队员工的工作积极性，管理者在面对任何事情时，都要站在员工的前面，勇敢地面对这一切。这样员工才有信心和勇气挑战困难，解决问题。

告诉他们，对于这件事你是怎么想的

如何让员工知道你没有逃避，知道你是在勇敢地面对问题？直接告诉他们，对于这件事你是怎么想的。

具体描述工作任务。领导在给员工安排工作任务时，不要直接将上级安排的任务传达给员工，而是应当向员工具体描述工作任务。在描述工作任务时，管理者要用员工听得懂的方式描述。例如，上级说："这个月你们要完成20万元的销售额。"管理者在传达时就不能直接和员工

如果管理者可以明确、具体地传达自己的想法，那么员工一定能感受到领导在积极面对困难，并相信团队有能力达到目标。

说“我们要完成 20 万元的销售额”，而是应当说“我们这个月的销量必须达到 200 万件，才能实现这个月 20 万元的业绩目标。”

表达你的想法。描述完工作任务后，主动积极地表达你的想法，更能让员工感知道你在参与并面对这件事。例如，管理者接到上级安排的任务，本月要达到比上个月高出 50 万元的销售目标。虽然以团队的能力来说，这个目标很难实现，但是这决定了公司能不能取得突破性的进展。为了激发员工的动力和激情，管理者在传达任务时说：“这个任务的确很艰巨，但是我们可以挑战一下。我的想法是，先制订计划，然后安排……”如果管理者可以这样明确、具体地传达自己的想法，那么员工一定能感受到领导在积极面对困难，并相信团队有能力达到目标。这个时候，员工的自信心也会增强，进而更有动力和激情去挑战困难，达到最初的目标。

和员工一起讨论解决问题的方法

我们强调领导不能逃避，并不是说领导应当一个人抗下所有的问题。领导在面对问题时，可以表达自己的想法，也可以让员工表达自己的想法。然后，你们可以一起进行讨论，寻找解决问题的方法。也就是说，领导应当和员工一起共同面对团队遇到的任何事情。

在讨论问题时，领导一定要学会把主语“你们”转换成“我们”。例如，“你们认为怎么解决这个问题比较好”转换成“我们应该如何解决这个问题”。这个时候，你们才是一个整体，员工才愿意积极地表达，积极地思考问题，解决问题。